我流老人

垰野 堯
Taono Takashi

はじめに

人間、歳を重ねてくると〝好々爺〟という表現で呼ばれることがあるが、こうなるのはなかなか難しい。定年を過ぎて拠りどころを失うと、浮き草のような波まかせの漂流状態となり、かろうじて頭も体も働いてはくれるものの、何をするにも方向性が定まらない。

それに世間からは、六十五歳で老人といわれ、七十五歳にもなれば後期高齢者という有難くもない宣告を受ける。

本人はまだ老人という感覚はそれほどないから落ち着かない。こうなると他人との間では目に見えないバリアのようなものを自らつくり、少し引けた対応をするようになる。

事によっては自身の防衛本能が表に出て、周りの嫌なこと、不合理なことに愚痴を言ったり、ひとり言でかわそうとする。

こうしたことを見越してかどうかはわからないが、書店には老人の生きがいだの、楽しみ方だの、第二の人生だの、といった物知り本やメディアが氾濫していて、混乱に拍車をかけてくる。

なかには古来の哲人や思想家などの言葉をたくみに引用し「老後はこうでなくてはならない……」風のものまで目に付く。

凡夫老人にはそんな大それたことを並べられても消化不良を起こすだけで、何の足しにもならない。そんなことを言う本人が、どんな老後を生きてきたのかわかったものではないし、参考にもならない。

この国では、これからますます老人が増えるらしい。そう遠くない時期に人口の三人に一人は老人になるというから、まさに老人大国。

国は大借金なのに、やれ介護だ、老人医療だ、年金だ、老人の生きがいだ、と〝金食い老人〟の増殖に青くなっている。

昔はこんなことはなかった。なぜか。

それは人生五十年、人はそんなに長生きしなかったからである。

今や、人生八十年。残る三十年を死ぬに死ねない老人はどうするか、それが大問題である。他人ごとではない、自分自身のことだからだ。

ともかく、老人という烙印を押されたからには、それに見合った生き方で応えるしかない。立派に生きよう、いい老人になろう、などと柄にも無いことを考える必要はない。世の中からも、家庭からも、老妻からも、これまでのしがらみをさっぱり捨てて自らを解放するのだ。そして自分自身と対話でもするように、つぶやき、妥協とあきらめで生きていく以外に道はない。

とくに、長い間の管理社会での習慣から抜け出せず、理屈っぽい、型にはまった行動しかできない、冗談が言えない、ユーモアのセンスもなし、知的な遊びやスポーツにも興味がない、こんな状態で過ごしていると自滅してしまう。

もう現役は終わった。自ら〝老人〟と名乗り、都合の悪いことはすべて無視し、少しばかり勇気を出して自然体の世界観をつくりだすのだ。決して難しいことではない。

その拠りどころは達観精神を研ぎすまし、何事も自分の好きな都合のいいことだけにかかわる。嫌なことは「気にしない、気にしない」と、つぶやいて、すずしい顔でやり過ごす〝ヘソ曲がり老人〟になることだ。

さあ、老人及び、もうすぐ老人になる諸君、世間の示す役にたたない老人論より自分流のわかりやすい、だれにも迷惑をかけない生き方を切り開こう。

それがこれからの老人を生きる、われらの誇り高い美学というものだ。

所詮、人生は星のまばたき、あと少しの時間が残っているだけである。

著者

一章 自分自身の〝気にしない、気にしない〟

二章
自分と周囲の〝気にしない、気にしない〟

三章 世の中の〝気にしない、気にしない〟

一章

自分自身の〝気にしない、気にしない〟

●「もう死ぬかもしれない」の愚痴がエスカレートすると嫌われる

人間歳をとってくると、何をおいても付きまとうのは健康問題である。

定年を迎える頃になっても大方の人は頭のなかで「体はどこも悪くはない、まだまだ何でもできる、これから第二の人生だ」と、思っている。

しかし、物忘れは始まるし足腰は弱ってくる、ちょっとした運動でもすぐ息があがるし、翌日は体のあちこちが痛む。

面白いことに、だれでも一番わかっているはずの自分の身体のことが案外わかっていない。だから頭も体も加齢とともに衰退していくことを認めようとしない。

ある調査によれば六十歳以上になっても「自分はまだ若い」と思っているのは男性で六五%、女性で七三%という。五十歳以上の平均では十一・一歳も実年齢より若いと思っているというから驚きである。

自分が若いと思っているのは勝手だが、体の老衰は始まっている。人間、六十を過ぎればどこも悪くないというのは錯覚である。

早い話が頭は禿げるし白髪は増える、顔や首筋の皮膚はたるみ、物を忘れる、人の名前が出てこない。これは外面だけではない、身体の内部も同じように老化が始まっている証拠である。

車なら不具合の部品を取り替えればことは足りるが、人間の場合はそうはいかない。人の体も年とともに耐用年数に応じて本来の機能を失っていくのだ。六十や七十にもなれば、病気の一つや二つ出てくるのは当たり前と考えておくことが肝要である。

仏教では人の一生を「生、老、病、死」と四つに区分しているという。つまり人間は生まれて生涯を生き、老いて病気になって死に至る、というわけだ。残念ながらわれら老人はその第二段階の「老」に入っており、いずれ病にかかって死ぬ、ということになる。

どんな権力を持っていようが、使い切れないほどお金を貯めこんでいようが、このことに例外はない。神様は最後に素晴らしい公平を用意されている。だから権力もお金もないわれら凡夫は〝万歳〟である。くよくよすることはない。

ただ、最後の「死」の前に来る「病」というヤツは曲者である。痛い、苦しい、心配、絶望といったイメージが付きまとい、老人をもっとも悩ませる。

しかし、そんなことにとりつかれては、「気にしない」精神に反する。ともかく少々体調が悪くても、この年代に至れば当たり前と思うことである。

老人の体はどんなに手入れをしても現状より決して良くはならない。第一、ついこの前まで「人生五十年」といっていたではないか。もう十分に生きたと思えばいい。これからは〝お釣り〟である。それだけでも感謝しなければならない。もう、現役は引退したご用済みの身なのだから、膝が痛い、腰が痛いといったことくらい仕方ない。

それでも、毎日が元気に過ごせれば文句はない。老人が嫌われるのは、あちこち故障が出始めると、それをしょっちゅう口に出して周囲へ誇大に吹聴し、同情を買おうとすることだ。

とくに二言目には「もう死ぬかもしれない」「間もなく死ぬ」などという。もっともこの言動は、老人自身が自分に語りかけ納得しようとする役割とともに、自分に目を向けてほしいという幼児的言動なのだが、周りの者はそうはとらない。「そんなに悪いのだろうか、苦しいのだろうか」と心配する。

まあ、その程度ならまだ救いがあるが、この愚痴がエスカレートしていくと周りから嫌われることになる。

老人自身は嫌われても一向に問題にしないようだが、これは気をつけたほうがいい。第一、周囲を不愉快にするし、相手にしてもらえなくなる。これが老醜というやつだ。「気にしない」精神といっても、自らの言動で周囲を不幸にしてはならない。

体のどこかに故障が出てきて、それが身内にも理解されず長く続くと、よくあるのはウツ病だ。毎日それを我慢して悶々としているうちに、自分自身が周りの目に見えないバリアを築いてしまうのだ。これはいわば自分勝手病みたいなものである。現役時代とは環境がまるで違っていることを早く自覚しなければならない。

そのためには普段から、何事にもこだわりのない精神力を養っておくことが大切である。

●終末は孤独なものと自覚する

今、この国では年間の自殺者が三万人を超えている。交通事故死が一万人を超えたといって大騒ぎをしたのに、自ら命を絶つ自殺者が、その三倍にもなっていることにはあまり世の関心がないようだ。

これから老人大国になるのだから、勝手に死にたい者は早く死んでくれ、というわけでもあるまいが、あまり良い気持ちはしない。

まあ、死ぬ以外に選ぶ道がないとすれば他人が口出しすることでもないが、せめて後々、周りに迷惑のかからない死に方を選んでほしいものである。

鉄道自殺とか、ビルから飛び降りるといったのはいただけない。後で残された者がこうむった被害の損害賠償を請求されることだってあるらしい。そんなことにでもなったら、残された家族や身内は大変なことになる。生きていても面倒だったのに、死んでまで迷惑をかけると手も合わせてもくれないことになる。

その点、海の中とか、深い山の奥など、後で亡骸が見つからない、というのが理想のように思える。だれにも見とがめられず一人静かに消えていく、なんていうのは美しい。だが、老人に自殺を奨励しているのではない。ともかく終末は孤独なものだと自覚することなのである。孤独死がなんだ、独居老人結構と決めていこう。

ともかく老人になって本当に自由でありたい、何事にも囚われずに終わろうと思うなら、孤独の生き方に耐えられないと、それは手に入らない。

老後の過ごし方は、生まれた時は一人だった、死ぬ時も一人、と達観するのだ。女房にも子供にも頼らない、自分だけの世界を楽しむのである。

そんなことをいうと、「寂しい終末だなあ」と思う人があるかもしれない。できれば夫婦むつまじく周りからも「良い歳を取っていくなぁ」といわれるような時間であってほしいと思うが、こんな男の理想どおりにいかないのが人生なのである。

最後は家族に看取られながら逝きたい、と思う人が多いことは想像がつくが、そんなのは空想に過ぎない、と考えておいた方が無難である。所詮、人間はどんなにもがいても死ぬ時は一人と心得ていればいい。

理想的なのは「P・P・K」だ。これはピンピン、コロリの頭文字である。死の直前までピンピンしていて、ある時コロリと逝くスタイルである。

もっともこればかりは自分で望んでいても、その通りになる保証はどこにもない。

そこで死に至る終末をどう生きるか、が大問題となる。

「P・P・K」に至るまでの自分の健康にどう対応していくか、いま世の中に出回っているモノの本などから「気にしない」精神に近いものを要約すると、以下のような十カ条になる。諸氏も自分用のものを考えてみるといい。

そうすれば「気にしない、気にしない」精神が即座に理解できると思う。

1）生涯現役を目指そうなんてバカな考えを持つな。（もう老人なのだ、何もできはしない）

2）自分に都合の悪いことは知らんことにする。（都合のいいことだけにかかわる）

3）何事にも心配の種は作らない。期待はしない、絶望もしない、ケセラセラだ。（なる

ようにしかならない、自然体でいく）

4）**自分を取り巻く問題に執着しない。**（こんなもんだ、と思う）

5）**贅沢はしない、節約もしない。**（お金は気が向けばパッと使う）

6）**本や新聞、ＴＶなどの「老人の生き方」に惑わされない。**（そんなのは都合のいい作り話に決まっている）

7）**老後の保険や医療情報などはムダだ。**（死んだ後のことまで心配しない）

8）**百歳まで生きようといった欲は出さない。**（寿命は誰にもわからない、長く生きてもたいしたことはない）

9）**病院に近づかない。**（老人はどこかに故障があり、行けば必ず病気にされる）

10）**酒、タバコは即座にやめ、一日一時間の散歩をする。**（余計なお世話だ）

以上が大体、老人の健康保持の十カ条である。（カッコ内は老人の意見）

さらに番外として、これにもう一つ付け加えたい。

（番外）こんな老人の生活訓のようなものは一切信用しない。

「気にしない、気にしない」と二度、口ずさみ無視する。

さて、老人は死ぬまで生きなければならない。そこで毎日の過ごし方（生き方ではない）をどうするか。

●自分だけの小宇宙（部屋）を作る

老人になったら、いつもニコニコして、縁側で猫を抱いて一日中〝日向ぼっこ〟をしている姿は微笑ましいが、こんな姿は老婆に任せておけばいい。

歳は取っても男たるもの、周りに順応して生きるなんていうのは下の下である。積極的に自分の世界を構築するのだ。

まず、家のなかで自分の部屋を持つことだ。

「このオレに温かいのは便座だけ」なんていうサラリーマン川柳があった。会社では上司に虐げられ、家では女房や子供に邪魔者扱いされる、こんな生活が身に染み込んだままでいると老後は惨めなことになる。定年の頃のなるべく早い時期に独自の空間を築くのだ。よく耳にするような、トイレと風呂の入浴時だけが他から干渉されない自分の時間と、甘んじているようではダメだ。TVコマーシャルではないが「夫婦はつかず離れず云々……」を心がけ、自分だけの自由空間、つまり大げさにいえば家の中に〝小宇宙〟を作るのである。

老人の年代になってくると、子供は大体片付いている。まだ残っているようなら早く追い出すことだ。成人になるまでが親の責任であって、それを過ぎたら本人の問題である。それに安サラリーの中で大学まで出してやっているのだから、もう親としてやるべき義務は終わっている。それをいつまでも甘やかして家に居着かせていると、本人のためにもならない。男であろうと女であろうと差はない。自分の収入の範囲で自立させることだ。

こんな時、老妻は「一人では自活できないわよ。いいじゃないの、部屋はあるのだから」とか何とかいうだろう。

しかし昔からいう、「苦労は買ってでもしろ」と。第一、老人の時代は一人で田舎から出てきて就職すると、だれにも頼らず皆そうしてやってきたのである。今の若者にはできないという理由はない。いつまでたっても親の脛をかじっているような人間では、ろくな者にはなれないことを教える役割もある。

こうして追い出せば、子供の使っていた部屋が空くはずである。これを最優先で確保するのだ。老妻などに文句はいわせない。

●夫婦は別室がいい

こうなると、だれにも干渉されない老人だけの支配下となる空間が生まれる。ここには当然、必要なものを持ち込む。スペースがあれば簡易型でもいいからベッドがあるといい。毎日夜具を出したりしまったりするのは身体の運動にはなっても面倒だし、ベッドならその必要がないだけでなく、いつでもゴロッとできるからだ。

この空間ではボーッと過ごすのも悪くはないが、ボケないためには何か意識して頭と身体を動かすことが大切である。

夫婦別姓というのがあるが、老夫婦は別室がいい。そのほうがともかく気楽であり、効用は結構あると思う。

夜、老妻のイビキや歯ぎしりに悩まされることもないし、起きたい時に起き、寝たい時眠れる。これで老妻のうるさい小言から半分は逃げられる。ただ、老人の場合、正午を過ぎても起きない時は声をかけてくれ、といってある。死んでしまっているかもしれないからだ。

ともかくここでは自由に振舞える。夏なんか風呂上りの暑いとき、裸で缶ビールを飲んでいても誰からも咎められることはないし、冬の寒い時はコタツを入れて猫のように丸くなっていることもできる。

本を読んだり、パソコンをいじったり、昼寝をしたり、手紙を書いたり、だれにも邪魔されずに時間が過ごせる。いい歳をしてといわれるかもしれないが、ささやかなことではないか。ちょっとした自分だけの自由空間、これは想像する以上に落ち着いた癒しが実感できる楽しいものだ。

眠れない長い夜などは、若いころ楽しんだクラシックやジャズなんかをヘッドホンで静かに聴くこともできる。

今凝っているのは、一九五〇年代から六〇年代のモダンジャズである。あの頃、ジャズの帝王といわれたマイルス・デイビスのトランペットは都会の夜の音楽と評されただけあって、今聞いても人間の孤独と哀愁がにじみ出ていて、時間を忘れさせる。

諸氏も「死刑台のエレベーター」というフランス映画があったのを記憶されているだろう。あの映画のバックに流れていたトランペットがデイビスである。素晴らしいの一語に尽きる。


別のいい方をすれば、子供の頃、悪ガキどもと山の中に秘密の小屋を作って、餅や煎餅などを持ちよって悪巧みをした幼稚な時代を思い出すが、あれとよく似た気分である。

こうして自分の時間をできるだけ主体的に楽しむのである。閉じこもりといわれようが、そんなことは気にしない。ぜひ老人諸氏にはお薦めしたい。

いや、もうとっくに自分だけの部屋を持っているよ、という恵まれた御仁もあるだろうが、そうでない方にはぜひ実行してほしい。

最近わかってきたことは、痴呆症やボケといった老人特有の症状も一種の生活習慣病ということである。

一日中老妻にぶら下がり、邪魔者扱いに甘んじ、何をするでもなく考えるでもない生活を続けていると、体は弱るし動作も緩慢になってくる。歩く姿は前かがみで歩幅は狭く、トボトボといった状態になると、間違いなくボケの前兆である。

だから、自室空間に飽きたら、すぐ外に出て、背筋を伸ばして歩く習慣も身に付ける努力だけは忘れないことだ。

それすらどうでもいいという御仁があるとすれば、それこそ老人の最終的な理想像かもしれないので言葉はない。まぁ、それぞれの勝手だから気にすることでもない。

●外出は気晴らしだけではない

毎日が日曜日になると、生活にメリハリがなくなる。腹が減ると食べ、昼間は何となくテレビを見て、眠くなれば寝る、というのはいいとして、それだけで平均寿命まで過ごすのはもったいない、退屈である。まだ、老いたりといえども生きているのだ。

そこで、気が向けばできるだけ外出するようにする。

老妻は必ず「どこへ行くのですか」とくる。どこへ行こうと勝手だが、理由を説明するのは面倒だから「外出」、とだけいう。

出かけるのだから外出に違いないが、外出といっても散歩もあれば、友人を訪ねることもあるし、欲しいものの買い物ということもある。また、気が向けば時間つぶしにパチンコをすることもある。だからいちいち内容はいわない。

天気がよければ一人の散歩がいい。近くに多摩川が流れており、四季折々の風情を楽しみながら、のんびり歩く。

辺りの風景をゆっくり眺めて見ると、働いていた頃には考えもしなかった詩心が浮かんできたり、何気ない草花の名前を詮索したりもする。

俗世を離れた静かな自由と孤独を感じる時間である。だから常にメモ帖を携帯していて、思いつくまま書き留めておく。後で記憶の助けになり面白い。

老人はこの時間が好きだ。過去七十年のいろいろな出来事が脳裏に浮かぶこともしばしばで、時間を忘れる。

歳をとると不思議なもので、ごく最近のことはなかなか思い出せないが、子供の頃の出来事や多感な時代の思い出は鮮明である。とくに老妻といさかいでもあった後は、初恋の頃の心を締め付けるような出来事が昨日のことのように頭に浮かぶ。あの人はどんな人生を送っただろうか、などと他愛ないことを考えてみたりする。年をとっても青春の頃の気持ちがよみがえってくるから不思議である。もちろん老妻にはいわない。

●パチンコは〝バカの境地〟だ

そんな時間に飽きたら、また歩き、隣の駅の側にあるモスバーガーに寄って一杯二七〇円のカフェラテを飲み、タバコを一服吸って帰る。これが習性である。気が向けばパチンコをちょっとやることもある。

パチンコというのは、結構ハマるものだ。トータルすると必ず負けになるが、時に生産がともなうこともあって厭きさせない。夢中になっていると〝無我の境地〟という人もいるが、こちらは往々にして〝バカの境地〟と思いながら遊んでいるのだから世話はない。負けた時は、冷暖房付きで音楽を流し、遊ばせてくれるのだからこんなもんだろう、と諦めることにしている。

それにしても昼間のパチンコ屋は中高年の女性で占められているのには驚く。今頃ダンナは上司に怒られ一生懸命仕事に励んでいるのだろうに、と思うと胸が痛む。

電車で都心に出ることもいい気晴らしだ。駅の階段は運動にもなる。

現役の時代の通勤地獄と違って、日中が多いので電車は比較的空いている。できるだけ空いた席を見つけて坐る。われながら老人になっていると思う瞬間である。

ところが、座って前を見渡すと大体四、五人はケイタイをピコピコいじっている。何をしているのか老人にはわからないが、何とも不思議な光景である。若者よ、もっと本でも読め、といいたいところだ。

女性の中にはケイタイではなく小さな手鏡で化粧をしているのも時々見かける。この子はどんな躾をされて大きくなったのだろう、その内、裸になって着替えでも始めるのではないかと苦笑してしまう。

●電車の中で美的探求

運よく席に坐れたら周囲を見渡し、美的探求をするのも楽しみの一つだ。俗っぽくいえば女性の品定めだ。老人の倫理観を疑うなかれ、ちゃんと持ち合わせた上のことだ。終点の近い老人にとって世の中は楽しく生きた方がいいに決まっている。

対象は十八歳から三十五歳くらいまでだろうか。しかも顔が美形かプロポーションが優れていれば文句なし。もちろん両者が揃っていれば申し分ないが、そんなのにはめったにお目にかかることはない。

前の席に坐っていれば、綺麗に揃った色白な両足、美的想像力をたくましくすれば歳を忘れる。立っていれば全部洋服を脱がせてプロポーションを想像する。オッパイの形、大きさ、ウエストのくびれ、腰回りから太ももの線、ビーナスの出来具合を探求するのもなかなか楽しいものである。ただし、決してニヤついた目で見てはいけない。時に苦虫を噛み潰したような表情でチラッと見るのがコツである。

断っておくが、これは犯罪ではない。この国の憲法では思想、信条の自由が認められている。何を想像しようが、どう考えようがどこからも責められることはないから大丈夫である。手を出して触ったりするわけではないから痴漢でもない。あくまでも美的探求なのだ。

しかし、こちらの心情を見破られると、〝スケベ爺〟ということになるから注意が肝要である。

聖書には「汝、色情をいだきて女を見たるは心の内で既に姦淫したるなり」とあるが、神様はなかなか配慮が行き届いている。

老人は色情をいだいて女を見るのではない、女を見て色情が出てくるのだ。

こうして目的の駅まで楽しめば、時間などあっという間である。

こんなことができるのは老人の特権と心得たい（もっとも男とは皆そんなものなのである）。

ところで、老女はどうなんだろう？　改まって聞いてみたことはないが、もっと過激な目で見ている気もする。

考えてみれば、人間といわず、あらゆる動物、いや地球上の生き物すべては雄と雌で成り立っている。人間世界では権力者もお金持ちも虫も殺さぬ顔をした人たちすべて、雄と雌のどちらかである。そしてお互い求め合って結合し、子孫を残すことだけで成り立っているのだ。どうってことはない。

ただ、対象はよく選別する必要がある。戦争中流行ったモンペのようなズボンをはき、スニーカー姿の中高年以上の女性はいけない、どう考えても使い古した雑巾か汚れた下着くらいしか連想できないからだ。

ともかく、わが大和民族はラテン系民族を見習って、もっとカラッといきたいものである。

かつて、イタリアの友人と酒の席で似たような話題があった。

彼は「そんなの当たり前だろう。どうして日本人はシャイなのだろう。男と女はそれが目的で毎日生きているのではないか」と逆に不思議がられたことがある。これは老人だけの戯言だろうか。

あまり気にすることでもないが……。

●老人同士が集まってみても何のメリットもない

どんな男も現役時代は仕事が第一でなければならない。時代遅れといわれようが、それでいい。仕事のなかに喜びが見出せるし、生きがいも出てくる。

老人にはもう仕事がない。喜びも生きがいも生み出せるところがないのだ。だから心が貧しくなる。

物の本では、老人は趣味を持たなければならない、と書いてある。さらに物知り顔のエライ人からはボランティアとか、近所の清掃とか、何か地域に役立つことをしろといわれるが、余計なお世話である。

孤高の老人は、そんなありきたりのところに生きがいは求めない。

ともかく群れるのが嫌いである。何かといえば仲間を集めようとする人がいるが、こういう御仁とのお付き合いは御免だ。老人同士が集まってみても何のメリットもない。せいぜい互いの体調か、病気を慰め合い、あの薬がいいとか、あそこの病院がいいといった話題しかない。挙句の果てに「誰々さんが死んだ、あの人はガンで入院したんだって」というくらいのものである。その裏では「まだ自分は良い方だ」と溜飲を下げているに違いないのだ。

こんなのに巻き込まれたら終わりである。一度顔を出すと、しょっちゅう付き合っていないと標的にされることだけは間違いない。

よく散歩中、公園などで見かけるのにゲートボールというのがある。

腰の曲がりかけた老人ばかりが、頬かぶりをしたり、戦時中の防空頭巾のようなものを被って、よたよたした足取りで大きな玉をトンカチ大の槌で追い回し喜んでいる。

あれは一体何だ。どこが面白いのかサッパリわからん。他人の遊びだから文句を付ける筋合いではないが、どう見ても格好いいものではない。あれだけはやってみようという気が起こらない。

それによく観察するとゲートボールというのは結構残酷な遊びのように見える。相手の玉をはじき出して、ゲームに参加できなくするのがコツのようだ。

●誰にも邪魔されず、自分だけのために行動するのは今しかない

テニスや卓球、囲碁、将棋なども悪くはないが、常に相手がいないとできない、これは面倒である。一度誘えば、先方の誘いは断りにくくなる。

その点、ゴルフがいい。

若い頃から、ゴルフだけは趣味にしてきた。だから腰や肩は痛むが、運動不足だな、と感じた時、天気さえよければ車を飛ばしてコースへ行くことにしている。

最近は予約なんかはしたことがない。行けば仲間の一人や二人はいるが、いなくてもどこかに入れてもらえる。後腐れのない一日遊ぶだけのパートナーである。

今頃はゴルフ場も不景気らしく、いつでも歓迎されるから心と体の栄養にはうってつけである。ただし、困ったことに若い頃と違って、翌日から体のあちこちが痛み二、三日は何もしたくない。これが歳なのである。

しかしゴルフは楽しい。広いグリーンで爽やかな空気を吸い、風を感じ、体を使って一日遊べる。スコアなんかは二の次だ。これができなくなると病から死の段階へ進むものと

考えている。

人はそれぞれ自分の思考に合った趣味や趣向を持っているものだが、老人になったら毎日が日曜日、何でもいいから自分が納得できる心と体の刺激に挑戦するのが一番である。話は飛躍するが、少年の頃に描いた夢などに挑戦してみるのは、もうロマンの領域である。

大多数の老人はこの夢を忘れているか、挫折したままにしているものだ。もう一度呼び覚まそう。

食事も忘れ、暗くなるまで野山を駆け回った頃を思い出してみるといい。必ず何かあるはずだ。どんなささやかなことでも、他人がつまらないといっても耳は貸さない。だれが反対しようとその実現に勇気を出すのである。

生涯に一度くらい誰にも邪魔にされず、自分だけのために行動する自己実現は最終段階の今しかない。ラストチャンスだ。

これが最高に心と体を新鮮にさせ充実させる。もう、常に時間は残り少ないことを忘れてはならない。

●心が満たされた息子との二人旅

以前、すばらしい経験をした。三十歳を過ぎた息子と二人きりで目的のない旅行をしたことだ。これは自慢話ではない。心の開放だったのである。

久しく先祖の墓参りをしていないことに気づき、思い切って出かけようとしていた時、息子が一週間の休暇が取れる、といってきた。冗談交じりに、

「オレは久しぶりに田舎へ墓参りに行ってこようと考えているんだ。どうだ、休みが取れるのなら一緒に行かないか?」と誘うと、

「いいねー、いいねー、行こう。二人だから車を交代で運転して行こうよ。親父とそんな旅行はしたことがない」という。

それで決まりだった。

身の回りの物だけ車に投げ入れ、出発した。

途中、京都で比叡山に登ったり、鱧料理に舌鼓を打ったりして一泊。田舎では、まさに老境に達した兄弟や友人達と久しぶりの対面をし、目的の墓参りを済ませた。

「さあ、これからどうする？」と聞くと、

「フェリーで四国に渡って、地図を頼りに一周するのはどうだろう」と息子がいう。男の二人旅である。目的も計画もない、行き当たりばったりである。

「それがよさそうだな」となった。

主な訪問先は松山を皮切りに佐田岬、宇和島、足摺岬、四万十川、高知、池田、高松、鳴門、徳島などで、その間、地元の特産に舌鼓を打ったり、さびれた山奥の温泉に入ったり、風景を楽しんだり、途中の神社仏閣を訪ねたりで言葉に表せない自由な、のんびりしたものだった。

その内容は省略するが、ここでいいたいのは、今まで経験したことがない親子二人旅というものの時間である。

車の中で、また温泉につかりながら、人生観や死生観、あるいは天下国家のあり方から仕事や職場のこと、恋愛・女性観といったことまで、親子の垣根を感ずることなく、男同士お互いの考えを語り合えたのは貴重な経験だった。

こんな経験はぜひ推奨したい。息子も知らないうちに親父を越え、頼もしさを感じるとともに大人として同等に話のできる人間になっていることを発見する。

父親にとっては現役時代に仕事で形として残せた成果と同様、自らの血筋が脈々と息づいていることを実感できて心が満たされる、いい思い出になる。

これは息子にとっても同様で、自分の親父と二人きりで、しかも同じ目線で語り合える機会はめったにあるものではない。

息子も「あの旅はよかった、また行きたいものだね」といっているが、もう家庭があって、最初で最後、そんなチャンスはないだろう。

これが娘だったらどうだろうかと考えてみると、そうはいかない。異性でありテレも出てきそうだ。やめとこう。

諸氏も一度経験されるといい。結構いいものといっておきたい。

●長く生きるのがいいのではない。ほどほどでいい

論語に出てくる孔子の有名な言葉に「吾、十有五にして学に志し、三十にして立つ、四十にして惑わず、五十にして天命を知る、六十にして耳順う、七十にして矩《のり》を超えず……」というのがある。

老人は孔子さんと比べるべくもない凡夫だから、こんな風にはいかない。だから気にしない。

しかし、六十、七十になると、嫌でも「耳順い、矩は超えられなくなる」から孔子さんと大差なくなる。

それに、五十にして天命を知るという「天命」とは、天の定めた使命（運命）を知るという風に理解されているようだが、本当はそうではない。これは自分の思い通りにならない不条理な世の中の定めを知る、という意味に理解すれば、まんざら捨てたものではない、と思えるようになる。

要は老人になると、何事も「ほどほど……」を旨としなければならない、ということ

だ。無理をするとろくなことにはならない、と考えればいい。

今の世の中、医療も進んで長生きすることばかり考えているようだが、人間の寿命というものは昔から決まっていた。

面白いのは、グリムだったかイソップだったかの童話にこんなのがある。

「神様はロバ、犬、サル、人間にそれぞれ三十年ずつ寿命を与えることにしました。するとロバは長く生きても人間に酷使されるだけだから、そんなには生きたくない、といって十八年にしてもらいました。犬は体が弱り足が立たなくなり歯が抜けてしまって生きてもしかたがない、といって十二年にしてもらいました。サルは笑いものになりながら三十年も生きるのはつらい、と二十年にしてもらったのでした。

ところが人間は欲張りだったもので、神様が与えた三十年では足りないと不満をいったのです。

そこで神様はロバ、犬、サルの余った合計四十年の寿命に、もう三十年を加えて合計七十年を人間に与えたのでした」

これで人間の寿命が決まったというのだ。

この童話が書かれた時代、すでに人間は七十歳くらいまで生きると思われているのには驚きだが、なかなかいい得て妙である。

たしかに人間も元気ではつらつと生きられるのは三十歳くらいまでで、残りの四十年はロバや犬、サルたちがいったように酷使され、足腰が弱り、頭も衰え、最後には笑いものになって死んでいくのである。

人間、長く生きるのがいいのではない。笑いものにならないうちに終わりにしたほうがいい。

だが、どこまでも強欲なのも人間である。いまごろは七十歳どころか百歳を目指している御仁も少なくない。

だいいち百歳を超える人が今では全国に三万人以上いるという。しかし、こうして長生きしても、八十歳くらいからは大なり小なりヘルパーとか介護のお世話になって生きているのだ。いわば若者のいう〝駆逐族〟というわけである。

同年輩の諸君、人の世話になってまで生きるのだけはやめよう。それが世の中のためというものだ。ほどほどでいい。

そのために心しておかなければならないのは、医者と親しくならないことだ。老人になれば必ず体のどこかは悪くなる。

●医者と病院には近づくな

そうはいっても、我慢ができないほど身体の具合が悪くなれば医者にもかからざるを得ないことになる。

しかし、いったん診てもらうと必ず理解できない病名が告げられる。

具合が悪いから診てもらうわけで、病名があるのは当たり前といえば当たり前だが、ただ、医者にもわからない病気はあると思うが〝わかりません〟とは絶対いわない。

自信たっぷりに「これは○○かもしれない、ともかく検査しましょう」とか「この薬をしばらく続けてください」とくる。これが曲者である。

身近にひどい例がある。

右目の下部に少し薄いくもりがあるという人がいた。「眼底出血とか脳梗塞ということもあるので一度診てもらったら」と、心にもないことを進言してしまった。本人もそれを聞いて怖くなり、近くの某大学病院の眼科に出かけた。

ところがである。

即座に検査入院一週間という診断をされたから大変である。本人は今にも倒れそうな表情で、「ちょっと右目の下が薄くくもっているだけで、別に何の支障もないのに、そんなに悪いのだろうか」という。

急遽そのまま入院となって、一日三回の薬の投与となった。そして検査入院二日目に高熱が出て全身真っ赤な湿疹に覆われてしまった。それはひどい状態である。

それまで元気にしていただけに、素人判断では完全な薬疹と思われた。しかし担当医はそのことには触れず「これでは目の治療ができないので皮膚科に行ってください」といって皮膚科にまわされ、その後診察にも来ない。

こちらは怒った。「そんなバカなことがあるか。目の検査で飲まされた薬が原因ではないか、最後まで責任をもって診るべきではないのか」と申し入れたが、それでも担当医はけっして自分が与えた薬が原因の「薬疹」とはいわなかった。

しかも「皮膚科の治療が終わってこちらの検査をします」というだけである。皮膚科はただ塗り薬を処方しただけで、自然治癒を待つだけ。

その結果延べ一カ月の入院となり、ウン十万円の請求だけが来た。

この扱いにはつくづく呆れ果てたものである。

もちろん、ある程度湿疹の状態がよくなってきたところで、セカンドオピニオンを申し出て専門医のところに替わると、

「これは心配することはないので、くもりが大きくならない限り大丈夫です」

となり、以来何の変わりもなくピンピンしている。

身近な例はまだある。バイクで転んで念のため病院に行き、これも念のためMRIという検査を受けた。

その結果、脳に未破裂動脈瘤があると診断され、カテーテルとかいう血管に管を通して

取り除く手術をすすめられた。

本人はショックで、「オレはもう長くない」と落ち込んでしまった。

それもそうである。まだ三十代の若さで成功率五割という手術なのである。

どうも腑に落ちないのでセカンドオピニオンで専門医に診てもらうと、

「全くそんなところは見当たらない、どうしてそんな所見になったのだろう？」

と、不思議がられた。

推測ではＭＲＩの解像度が悪く、血管の重なったものを見誤ったのではないだろうかという結論だった。とんでもない誤診である。

そのまま最初の医者に任せて手術をしたらどうなるのだろう。想像しただけでも恐ろしいことである。


ほんの身近なところだけでもこんなにいい加減な例があるのだ。すべてそうだというつもりはないが、老人を取り巻くところでは、もっと病気ではない病気が作られている可能性は大きいと思っていたほうがよさそうである。

●少々の不調は当たり前

また、病院に行って困るのは院内感染というやつだ。全国の病院で調査したら八割のところで存在しているという。つまりどこの病院でもあるのだ。

病院は病気の人が集まるところであり、歳を取って免疫力が衰えている人が暇にまかせてちょくちょく通っていると、思わぬ落とし穴にはまる。

自分では気の付かないうちに抗生物質も効かないような細菌に感染していることが、最近多いらしい。それでも病院の方で落ち度には言及しない。

「どうも○○の疑いがありますので、すぐ入院してください」となり、その原因は明かしてはくれない。というより医者にもわからないのだ。

昔からなかなか妙を得た言葉に「医者の大掛け、大工の小掛け」というのがある。

医者は「たいしたことはありません」といってしまえば患者はもう来ない。だから「これは大変」といって、患者を不安におとしいれる。患者本人は、たいしたことがなくても医者にいわれれば放置できない。だから大げさにいう、大掛けだ。

これに対して大工は家を建てる時「たいしてお金はかからないでしょう」と、曖昧にして工事にかかる。そうして注文者の意見をどんどん取り入れて仕事を拡大していくのである。

最初から「これはお金がかかりますよ」といえば注文者は二の足を踏む。だから安いと思わせて着手するわけである。

工事に入ってしまえば、もう後には引けない、工事費用は予定を必ずオーバーする、というわけで、これを「大工の小掛け」というのだ。


ともかく医者にかかるということはそんなものだ、と心得ていることが大切で、とくに信頼できない医者は即座に変えること。今はセカンドオピニオンが当たり前だから、不安な場合は二カ所以上の病院で診てもらうことを躊躇してはならない。

ただ、不安を自分で作ってはどうしようもない。老人の場合はこれがよくあるのだ。ウソだと思う人は一度病院を覗いてみるといい。どうしてこんなに年寄りばかりいるのだろうか、と思うほど元気そうな老人が多い。

やむを得ない場合はあるが、できれば老人は医者にはかからない精神が正解だ。皮膚にシワが出てきたり、頭髪が白くなるのと同様に身体すべてが老化しているのだ。少々のことは当たり前と心得て、気にしないことにしよう。

つまり生・老・病・死の、病の段階に至ると、いろいろ手を加えても、いずれ先は見えているのだ。

●早めにおさらばするのが国のため、身のため

もう一つ、老化には「歯・目・マラ」という順序があるということをご存知だろうか。老人は三十半ばの頃、奥の虫歯を一本抜いてからがいけなかった。その後、歯槽膿漏もあってガタガタときて、いまでは上半分が入れ歯になってしまった。

こうなると、情けないことに硬いものはほとんど食べられない。全体的に食べ物の味がわからなくなり、老後の楽しみの一つである食事がまずくなって、生きていく気力も削がれていく。歯だけは抜くものではない。

今も下のブリッジの片方がグラグラで、痛みが出た時に歯医者に見てもらうと「これはどうにもなりません、抜いてブリッジを一つ継ぎ足しましょう」と宣告されたが、「痛みだけ取ってください」と我を通した。

お陰で歯磨きの時、いつもこの歯だけ口の中で踊っているが、どうということもなく半年以上経過している。医者には、いやな患者と思われているに違いないが、自然に抜けるまでこのままでいい。

頭髪は生涯の長い友というが、そんなものは無くても支障はない。だが、歯だけは命につながる本当の長い〝友〟である。だから常に手入れを怠ってはならない。

そして歯医者に何といわれようが、痛みだけ取り、ギリギリまで抜かないで治すよう注文する。仮に完治しなくても現状をできるだけ長くもたせるのだ。

歯医者の指示通り抜歯して入れ歯にしても、老人は翌日死ぬかもしれない。そんな治療に高いお金と痛い方法をすすんで選ぶことはない。

ともかく、すぐ抜こうとする歯医者はヤブだ。その後の入れ歯で儲かるからである。抜かないで治すのが本当の歯医者だと思っている。

入れ歯を一つ作ると安くとも三十万円から五十万円はかかり、上質なものを望むと上は天井知らずである。

これから老人が増え、入れ歯産業は間もなく自動車産業を超えてこの国最大のウン兆円？　産業になるという話だからすごい。


目はいわずと知れた老眼である。五十歳くらいから大なり小なり始まる。これも面倒で、老人がケイタイを持ちたがらないのもこれが主な原因だろう。

老人もご多聞にもれず、シーズンになると花粉症で困っているが、最近眼科に薬をもらいに行ったところ、少し白内障が出ていますといわれた。歳をとれば目も老化する。別に見えないわけではないので、花粉症のかゆみ止めだけ下さい、といって薬だけもらって帰ってきたが、「放置しておくともっと面倒な緑内障などになることだってあるのですよ」と医者がいった言葉がひっかかっている。目が見えなくなれば人手に頼ることになる。それは困る。どうするか目下思案中である。

マラは六十歳を過ぎると徐々に疎遠となり、七十歳の古希では悲しいかな大体排せつ物専用の蛇口となる。その点女性は〝灰になるまで〟というから、老人予備軍の諸氏は心しておいた方がいい。

国は医療費や介護費の増加で大赤字だ。そのほとんどは老人を対象にしたものであるというから、せめてこの赤字の解消に役立つにはできるだけ医者と病院に近づかないことだ。そして早めにこの世をオサラバするのが一番国のため、身のためということになりそうだ。元気でなければ生きている意味はない。

●お洒落心は老人を明るくする

老人になると男の場合、どうしても格好を構わなくなる。これはいただけない。外観は内観を現す、というのは顔だけにとどまらない。常日頃、身の回りに関心を持たず、ボヤッとした精神状態で過ごしていると、身なりも構わなくなりがちである。外観は人格の現れだ。

いつも同じものを身に付け、不潔な身なりに少しも違和感を持たない老人は、すでに生きている実感を喪失したのに等しい。これは老醜である。

仲間にも、現役のころは身支度をビシッと整え活動的に見えた者が、リタイアとともに往年の輝きを失い、何の変化もない毎日の生活にどっぷり浸かって、一挙にうらぶれた状態になった御仁がいる。

どうも本人はそれに気づいていないようで、まさに風采の上がらない老人になってしまった例だ。


孤高の老人たる者、身支度くらいは常に気を配りシャキッとしていなければならない。とくに不潔なのはいけない。匂いまで漂ってくる。

身なりは決して高価な物である必要はないし、新調することもない。

昔、着ていた洋服だって身に合えばそれでいい。押入れや箪笥の奥に仕舞ったままになっている洋服だって結構あるものだ。色や形にはこだわらない、清潔感があればそれでいいではないか。

四十数年前、自分が最初にアメリカへ出かける時に買った化繊のカジュアルな替え上着が今でも着られる。移動でトランクに仕舞いこむため、皺にならない素材のものを選んだ記憶があるが、今でも型も変わってはいないし、結構思い出があって楽しいものである。

街で見かけて哀れに感じるのは、作業服のような色の膝の出たズボンに、よれよれのジャンパー、それに若者のはく白いスポーツシューズというアンバランスな出で立ちである。その上、頭はボサボサ、顔は無精ひげではホームレス同然だ。こういう老人が嫌われるのである。

老人なのにジーンズをはいているのも似合わない。ジーンズはもともとアメリカの西部開拓時代、幌馬車の役に立たなくなった幌を活用して作ったのが始まりだが、それが今では若者のファッションである。わざわざ膝のあたりに穴を空けたものまで流行っている。

これを下腹が出て尻の垂れ下がった短足の老人がはいてもサマにはならない。孫のお古でも取り上げたのかとしか映らないからだ。

周りに何といわれようと構わないという御仁もいよう。それはそれで他人に迷惑をかけなければいいのだが、自分自身にとっての精神衛生に悪い。

毎日が日曜日なのだから、せめて身の回りはキチンと整えメリハリをつけた身なりと、時間の過ごし方を心がけなければ、これも老醜となる。

友人も子供も、孫までも寄り付かなくなること請け合いである。

それに老人の外出時の、リュックサックも似合わない。両手が自由なのはいいとして、戦後何もないころの買出しか、闇市を連想させて、どうもいただけない。あの中には何が入っているのか聞いてみたくなる。年金手帳から、健康保険証、その他全財産が入っているのだろうか。

しかも老妻と二人でお揃いのリュックを背負って電車に乗っているのを見ると、微笑ましくはあるが、これから夜逃げでもするのか、と思えてくる。

いつもこちらはスイカと若干の現金と手帳がポケットに入っているだけで、何の不自由も感じない。

ともかく老人はおしゃれと、簡便さを心がけたい。

四季折々、その時期に合った身だしなみ、とくに清潔感のあるおしゃれは心を若々しく保てるだけでなく、周囲にも好印象を与える。そこでは新しい出来事が始まるかもしれないのだ。生きていることを実感したければ、自分自身のことをもう少し気にしたほうが良さそうである。

●お金はいつもないと思うこと（老人の経済学）

老人になって健康の次に大事なのは「お金」である。

お金がなくなると本当に惨めな老後になる。無駄を一切省き、食っていくだけなら何とか年金でまかなえるかもしれないが、それだけでは大人としての教養は満たされない。

俗世を捨てて隠遁生活に入るという道もあるが、これができる御仁は希であろう。だれでも俗世に未練がある。したがって一にも二にもお金が頼りとなる。

首尾よく蓄えを積んでいる人はいいが、大多数の老人は子供を教育し、家のローンを払い、定年となるわけだからそれほど貯金があるとは思えない。これが現実である。

この国では貯金ゼロの所帯が三割、生活困窮者が百万人を超え、年間二兆五千億円もの税金がその生活保護費に投入されているというから、決して豊かな国ではない。

だれがこんな国にしたのか。

それは自分の利害だけしか考えないアホな役人と、一丁前のことをいってきたアホな政治家の無策である。それに与して問題意識もなく生きてきたわれわれ老人達でもある。

しかし、今更どうにもならない。老人はもうすぐあの世行きである。これからの若者に謝らなければならないが、その前に老人の余生とやらをどうするかだ。

若者は、答＝早く死ぬこと、というだろうが、これぱかりは予定が立たない。

そこで老人もささやかな経済を考えることになる。

まず、老人はあと何年生きるかは、自分ではわからない。これがわかれば苦労はないが、こればかりはどうにも見当がつかない。したがって少しばかりの貯金も日割り計算で使うこともできない。


ともかく、定年になったらお金はないものと心に決めることだ。仮に少しばかり貯金があったとしても、それは当てにしない。病気や事故など不慮の出費は必ずおこるし、健康保険料から介護保険料、住居の固定資産税から住民税、ガス、水道、電気代など遠慮なしにかかってくる。だから少ない蓄えも、その対応に残しておかなければならない。

それでも毎日のタバコ代から、たまに出かけるとすれば交通費も必要である。命は間もなく消えようとしているのに、それまで、ささやかに生きようとするだけのお金すら底をついてくるのだ。

●手持ちのお金を増やそうとしないこと

老後というものは決して安堵の境地でないばかりか、お金がなければ本当に心細く切ない時間となる。

そこで、よくあるのは手持ちのお金を増やそうという、株や商品相場を始めとする利殖である。

しかしこれだけは手を出さないことだ。なぜなら株や相場は平たくいえばバクチと同じだからだ。たしかにこれらは過去の業績や技術力、経済全般の動きなどを勉強することによって、ある程度の予測はできる。

現役のころ生半可に経験した乏しい知識だけを頼りにやって、なけなしのトラの子をすっかり巻き上げられたという話は後を絶たない。

株や商品相場はしょせん、ゼロサム・ゲームなのである。だれかが利益を得ることは、だれかが損をしているということ。この世界を連戦連勝で切り抜けられる者はだれもいない、ということだ。

さらに悪いのは、高利をエサに巧みに投資を呼びかける手合いに乗ることだ。これらの詐欺事件はしょっちゅうテレビに出ている。銀行預金も〇・〇何％という時代、気持ちはわかるが、こんなのはやられる方が悪い。同情など一切できない。

この社会には黙って儲かる話なんかどこにもないのである。老人はそんなことくらい、経験上わかりきっているはずではないか。

ここ二、三年、団塊世代の退職で五十兆円とも八十兆円ともいわれる退職金が支払われるという。当分、この退職金目当ての事件、話題が後を絶たないことだろう。歳を取って強欲なのはどうもいただけない。後始末もできないことには手は出さないことだ。

老人などは、そんな金はどこを探してもありはしないから、詐欺に引っかかったといわれても、いつもテレビを見ながら「そんなお金があるんだから嘆くな、自分の無知を知れ」と思う。

オレオレ詐欺も同様である。被害は老婆の方が多いようだが、これも無知丸出しとハラが立ってくる。しかも年間五百億円を超えるというから、見方をかえるとよくもそんなお金があるものだと呆れてしまう。

せめて夢らしきものがあるとすれば「宝くじ」くらいのものだろう。たまに当たるのは末尾の三百円だけだが、もしかして奇跡でもおこれば……なんて他愛のないことを考えて過ごすのも老人の悲哀である。

統計学者によると、宝くじ三億円が当たる確率は三百万分の一とか。地球が滅亡するかもしれないような巨大な隕石が地球に衝突する確率は百万分の一というから、宝くじに当たるより地球が無くなる方が早いのだ。気にすることもないが……。

まぁ、こんなことでも考えて呑気に行こう。

それにしても、だれかに当たっているのだろうか。身近に三億円が当たったという話は聞いたことがない。当たっても他人にはいわないだけだろうか。それも賢明なことではある。

●一人旅こそ人生だ

人の生涯はよく旅に譬えられる。

この「旅」というのは計画を定めて行く旅行のことではない。旅というのは非日常であり心の開放である。もちろん何を求めてどこへ行くかくらいは予定を立てなければならないが、後は何もいらない。

これができるのは老人になってからがいい。俗世のしがらみはなくなるし、だれに遠慮もいらない。自分を楽しむ時間である。

別に目指すところはどこでもいい。自分の趣味や興味のある名所とか、史跡を訪ねるなど、考えようによっていくらでもあるものだ。

また、四国八十八ヵ所巡りのような自分の人生を振り返る旅でもいいし、一度は行ってみたい、見てみたいと思ったところを訪ねるのもいい。

ともかく目的もさることながら、広い海や山の風景に接し、道すがら土地の人とのふれあい、素朴な食べ物などに接しながら、自分の存在を感じて行く道中にこそ感動がある。

だから、〝道草〟を大切にしたいと思う。ちょっとした寄り道をすると、これまで忘れていた日本の原風景が結構あるものだ。そんな時、これを見ないであの世へ行かなくてよかった、と思う瞬間である。

それと老人だからといって後ろ向きにならず、少しは冒険心がなくてはつまらない。

冒険心というと、一人ヨットで世界一周する人もいるし、七十歳を超えてヒマラヤに登頂した人もいる。自転車で日本一周する人もいる。盲目でありながら英国からオーストラリアまで飛行機で飛んだ人もいる。

かつて若い頃、シルクロードをローマまでバイクか四駆で走破してみたいという途方もない夢を持ったことがあった。

これを実現するには相当のお金が必要だし、準備も不可欠だった。仲間が何人か集まって計画を練ったものだが、そのうちイラン・イラク戦争などが始まり、儚《はかな》い夢に終わった。

ただ、足腰の弱った老人になってみると、こうしたあまり途方もない旅は特別な人を除いて避けた方がよさそうである。

●国内も捨てたものではない

言葉も充分でないところへ出かけるのは万一の場合、どうにもならない。だからといってツアーや団体で行くというのは最悪である。そんなのは俗人に任せておけばいい。

老人になったら言葉も食べ物も不自由しない国内で十分である。日本の中にも老人を満足させるだけの魅力や発見はいくらでもある。

思い立ったら勇気を出して寅さんのようにふらっと出かけるのだ。身勝手なようだが、それがまだ生きているという証でもある。

さて、旅の手段だが、やはり本来の旅は徒歩だろう。何といっても自分の足で一歩一歩道を踏みしめて歩くことは、途方もないことをしている無常観がある。

かの昔、芭蕉や一茶、山頭火などは何を考え、何を求めて旅をしたのか、ふっと想像しながら、自分流の楽しみを発見できる。

ただ、あまり気負いこまないほうがいい。しょせん凡夫には、そんな大それた心情などありはしないのだから、焦らず、争わず、気取らない達観した平常心さえ持っていれば十分である。そうした旅であれば、今まで経験したことのない、いろいろな発見や感動があることだけは確実である。

その意味では徒歩にもこだわらない。修行僧ではないのだから文明の利器を使うことも一向に構わない。

自転車を利用して旅をするのも悪くはないが、歩行も自転車も足腰に自信がなければ途中で挫折してしまう。かといって車やバスを使っての旅となれば、ほぼ旅行に近くなる。旅行となれば老妻も同行したいと発言してくるかもしれない。これでは孤高の一人旅は成り立たない。

●時間を無視して自由と孤独と風を感じるバイク旅

最近、右膝が悪く、いろいろ経緯があって時々小型バイクを愛用しているが、若い頃のような体力があればハーレーくらいを乗りこなしたいとも思う。しかし、もうそれはムリだ。

スクーターでもいいが、両足で踏ん張れる方が安定がいい。

足腰に自信のない御仁にはぜひ薦めたい。これに着替えと、洗面用具を入れたバッグさえあればどこへでも行ける。燃費はほとんどかからないし、実に頼もしい〝相棒〟となる。

道中はモータリゼーションの発達で、その土地の主要なところには〝道の駅〟という設備ができており、これに立ち寄れば、その地域の名物から名所旧跡、温泉や宿の案内などがあり、困ることは何もない。

バイクの免許は簡単に取れるし、操作もトルコン付きならアクセルとブレーキだけである。車種は中古を探せば十万円程度でも十分威力を発揮する。

ともかくバイクは道中がいい。風を直接肌で感じ、流れる風景を見ながらゆっくり走るのである。気に入った場所ではどこでも休める。決してムリはしない。

道はできるだけ交通量の多い幹線道路は避け、地図を頼りにローカルな道を選ぶ。土地の名所旧跡を訪ねたり、他では味わえない味覚を探して寄り道したり、秘境の温泉を訪ねたり気の向くままの旅ができる。

ちょっと不便な場所へも難なく行けるので、格安な民宿や国民宿舎などを探して費用も節約できる。目をつぶって寝てしまえば高級ホテルと何ら変わりはない。お昼はコンビニ弁当か、お握り二個で十分、それにお茶のボトルがあれば申し分なしだ。

バイクは危険だという観念があるが、自転車に乗れる技量があれば、そんなことは全くといっていいほどない。後は乗る人の注意力の問題である。うまく使いこなせばこれほど便利な一人旅ができる手段は他にないことに気づくだろう。

それに一人で乗用車を使うのは贅沢だ。費用もかかるし、どこへ行っても駐車場に困る。それに便利すぎるだけ感動が少ない。

汽車、電車も悪くはないが、結局、一人旅にどういう手段を選ぶかは個人の事情によるので好き好きで出かければいい。

時間を無視して自由と孤独と風を感じながら、力強く振動を伝え、運んでくれるバイクと対話しながら走るのが好きだ。これは病み付きになるくらい楽しくいいものであることは保証できる。

そしてバイクの季節は春と秋がいい。期間は一回一週間くらいが理想である。これより長くなると老人には体力的にきつくなる。

難題は老人になってバイクに乗ろうとすると、ほとんどは家族に反対されることだろう。「いい歳をして……」とか「危険だから……」といった説得が必ず起こる。だが、老人だからといって冒険心をなくしたら後は萎んでいくだけである。多少の危険や困難があるからこそ面白い。どんな手段で旅をするかは、最後は諸氏の決心しだいだ。

老人なんかも例外ではなかった。万が一事故に遭遇しないとも限らないので葬儀代くらいの保険を掛けることを条件に押し通した。

バイクの一人旅、だれにも拘束されず本当の自由を知りたければ勇気を出してチャレンジしてみてはどうだろう。人生一度くらい自分だけの意思でわがままな行動をしてみるのもいいものだ。

そして、老人の旅は何か宗教的な悟りとか、人生の迷いの解決といった大げさな目標をもつ御仁もいるが、そんなことにはこだわらない。敢えていえば全てを諦めた心境で無心に道中を楽しむことだ。それ以上でも以下でもない。

つまり俗世のことは気にしない精神が大切である。

●だれにも頼らず静かに終わるのが本当の「サヨナラ」だ

さて、老人にとって最後の課題は仏教でいう生、老、病、死の「死」である。

人生如何に生きるべきか、という人生観には古来多くの哲人や宗教家が論じてきたが、人間如何に死ぬべきか、という死生観についてはあまり説得力ある説明がない。しかし、人間が最後に行き着くところは「死」であることには間違いない。

とくに老人になると、死はすぐそこまで来ている。

これにどう対処するか。

最も理想的なのは前にふれたＰ・Ｐ・Ｋだ。

Ｐ・Ｐ・Ｋ、ピンピンしていて、ある日コロリと逝くのである。例えば夕食を済まし、家族団欒のあと就寝し、朝までにだれにも気づかれずこと切れている、といった形ならだれにも迷惑はかからない。これは理想といえる。

ところが、こればかりは自分ではどうにもならない。

終末になって、老妻とどちらが先に逝くかも後の対応に違いが出てくる。男七十九歳、女八十五・八歳が平均寿命というが、世界には健康生活寿命という統計があるらしい。これは歳を取っても極端な病気がなく、日常は健康に過ごせる年齢のことだ。それによると、日本人は男七十二歳、女七十七歳で平均七十五歳だそうである。

だから、逆にいうと七十歳台半ばまでは、何とか元気で過ごせそうだ、ともいえるが、最終的に男の方が早く死ぬということに変わりはない。

その方がいいと思う。

核家族化が進んで、子供は成長すると自立して家を出ていく。その結果、家では老夫婦二人という形が一般的となった。

一人で終末を迎えると寂しいとか、老後を見てくれる人がいないと不安だ、といった老人がいる。そんな未練たっぷりなことを考えている老人はいい死に方はしない。体でも悪くなると大騒ぎをすることになる。

生まれた時も一人なら死ぬ時も一人、と達観することだ。

子供に恩や義務を押し付けないことである。時代は変わっているのだ。親孝行といった言葉はとっくに死語である。だれにも頼らず、期待もせず静かに終わるのが本当の死というものと心得よう。

最後に「ありがとう」と老妻に感謝の言葉の一つでも残せれば最高ではないか。

●自分が正常に判断できる時に決めておくべきこと

東京都の二十三区では毎年五千人近い老人が孤独死しているという。これを全国に広げればどのくらいの数字になるのかわからないが、人口比でいくと五万人くらいになるのだろう。その七割は女性である。平均寿命から考えれば当然そうなる。

これも仕方がない。先に逝った老男はいいが、残される老女が心配と思うこともない。逆に女の場合、男が先に逝くと〝憑き物〟が落ちたように元気になること請け合いだ。世の中そのようになっている。昔から「女やもめに花が咲く、男やもめにウジがわく」という。これは神様が人の運命として定められたのだから人智の及ばないところである。

死に際の選択に自然死と尊厳死というのがある。

自然死といえば、あたかもごく自然に消えていくように思えるが、そうではない。病院に運び込まれ、あちこちチューブなどを付けられて心臓が動いている間は延命処置が施され、息を引き取るまで生かしておくことをいうのだ。

こんなのは自然死でも何でもない。本人の意識のあるなしにかかわらず、植物状態になっても生かしておく。極端な場合、それが半年、一年と続くのである。これでは生きているとはいえないと思う。

この間、家族や看護の面倒は並大抵ではない。回復の見込みがないのに、こうした状態にしてまで生かしておくのは罪悪以外の何ものでもない。

こんなのは真っ平御免である。

それよりも尊厳死を選ぶ。ただし尊厳死は意識のある間に、自らの意思で医者か家族に伝えておく必要があるらしい。

だから老人は常々、家族の者に「見込みがない場合、決して延命処置はしないでくれ」といってある。

同じように「手足を取ったり、腹を切ったり、頭を割るような手術もしない、ただ、痛みで苦しんでいる場合は、その苦しみだけは緩和するような処置はしてくれ」と注文している。

先のことはわからないが、もう七十歳を過ぎていれば当然であろう。自分が正常に判断できる時に決めておかないと、先輩諸氏の話では、その時が来てからでは遅いことが多いようだ。

ともかく死は必ず来るが、いつ来るかわからない。こればかりはどんなに気にしても打つ手はない。だから気にしない。ただ人間らしく尊厳を残して静かに逝ければいい。それで一丁上がりである。

死の後、あの世があるかどうか知らないが、あるとすれば老人なんかは間違いなく地獄行きだろう。不遜な生き方をしてきた罰とすれば、それも仕方がない。

だから戒名や墓などにはこだわらない。無くてもいいし、子供たちにとって都合が悪ければ何とかするだろう。オヤジ最後の思いやりだ。

ましてや、遺言なんかは財産もないし、死んでまで「ああしろ、こうしろ」と指示したのでは残された者も手を合わす気にもなれないだろうから、気にしない、気にしない。

二章

自分と周囲の〝気にしない、気にしない〟

まず、何といっても老妻との関係だ。もう良いところも悪いところもお互い知り尽くしている。定年になったからといって、いまさら対応の趣旨を少しばかり変えても何の効果もない。

大方の老人は「これからは今まで仕事で家を省みなかった分、少しは老妻孝行でもするか」と殊勝な気持ちになるものだが、とんでもない。それどころか四六時中家にいるようになると、まず荷車を曳けなくなった御用済みの馬車馬のように邪魔者となる。

定年の挨拶状に「……やっと自由の身になった。これからは自分の好きなことをして余生とやらを過ごしたい。天国のようなものだ」と書いたところ、これを目にした老妻は「これから毎日顔を合わせているかと思うと、私は地獄だわ」とのたもうたものである。

一生を無難に添い遂げるというのは難しいことである。とくに男は定年になって社会と断絶し、浮き草のようなつかみどころのない状態になると、どうしていいのかわからなくなる。収入は年金だけ、ただ家にいてもすることがない。この環境の激変は働き蜂だった男にとって想像以上のダメージである。

男の方の言い分でいうと四十年にもわたって営々と働き、家族を支え、家を建て、子供の教育をし、それなりに役割を果たしてきたと思っている。

もちろん老妻の方も家を守り、家事や日々の営みに翻弄されて過ごした年月だったろう。それを細かく詮索して双方の役割を比重にかけてみても、どうなるものでもない。

だから、老妻にとっても男の定年は、自分を取り巻く生活環境の大きな変化になるのだと心得ておいた方がいい。

いままで長い間、家事一切は夫のいない自由な時間に、いわばマイペースで済ますことができた。それが常に側にいる夫の目を気にしながら進めることになるわけだから、監視されているようでストレスになるらしい。

それに朝、昼、晩と三度の食事の支度。それまでのような自由な気分でテレビを見たり、新聞を読んだりといった自分の息抜き時間がなくなるからだ。老妻は「私にも定年がほしい」という。

●嫌なら我慢して一緒に悶々と暮らすことはない

それでも我家などはまだ良い方だと思っていた。

「もう舅、姑がいるわけではないし自分の好きなようにやればいいではないか。オレがいても従来どおりでいいではないか。それにオレのできることは手伝うよ」といっても、何の慰めにもならないらしい。

「このままジジ・シッターにされるのは真っ平」という。

まあ、こんな状態が定年後の老人の置かれる普通の姿である。

だが、これが発展すると定年離婚ということになる。考えようによっては、それも一つの選択肢かもしれない。

お互い現役の役目は終わったわけだから、嫌なら我慢して一緒に悶々と暮らすより、残された余生とやらは一人で生きてみるのもいい。冷たいようだが、こういうケースはそのほとんどが女房の方から提案されるわけで、非難しても仕方がない。男はジタバタしないことである。

知人にこのケースの男がいた。

男は仕事ができる人間で、役員まで勤めて退職した。

退職を機会に少しでも喜んでもらいたいと、退職金も年金も女房に預けておけば安心だろうと勝手に思いこみ、全てその管理を女房に任せた。ところが、これが裏目に出てしまった。

「この後死ぬまで一緒にいても、あなたがボケたり介護でもしなければならなくなったら私はどうなるのよ。それにもう男性機能は役立たずだし、私にはいいことは何もありゃしない、もう一人で気ままに暮らしたいわ」といい残してトラの子全てを持って出て行ってしまったのである。

「そんなバカな、それならお金を渡すのではなかった」と男は後悔したが、後の祭りだったという。

こうしたケースは老人にとって最大の悲劇である。

参考までにその男が述懐するには、退職後自分への言葉遣いが変わって、何事にもトゲのある返事が多くなり、極端な話「今日はいい天気だ」といっても「また、雨が降りますよ」といった返事が返ってくるといった具合で、会話が続かなくなっていったという。そして徐々に無視され、事につけ返事がなくなっておかしいと感じていた矢先のことだったらしい。

ともかくこうなると、よかれと思う男の善意が理解されないばかりか、それが逆に身勝手と映るらしい。

昔から〝女子と小人は養い難し〟といわれるがどうにもならない。

そんなことにならないためにも、またそうなるかもしれないことも、よく頭へ入れておく必要がある。それが老人の置かれる普通の姿なのである。

暗い話ばかりになったが、すべてがそうなるというわけではない。

ただ、老人が終末を見通せる年代になって描く夫婦の老後は、一様に〝共に白髪が生えるまで〟（もっとも白髪は三十代くらいからでも生えるが……）と、一緒に長生きして互いに労わり合って暮らせることを夢見るわけだが、そんな夫婦は希少動物並ではなかろうか。

ほとんどの場合、悪夢に近い。

どうしてそうなるのだろうか。

これにはやはり動物学的な考察が必要なようだ。

ライオンでも虎でも雄が種付け機能を失ったら、雌は他の若い元気な雄と世代交代を求める。それが動物社会の掟なのである。

人間社会でもこのＤＮＡは潜在的にきちんと受け継がれている。ただ、人間の場合理性があるだけに雌は経済的生活と比較しながら我慢するか、別の道を歩むかを選択しているだけだ。

雄のわれわれから考えてみれば、何とさもしい、と思えなくもないが地球上に生きているものの〝掟〟だから仕方がない。

まあ、雄はあまりこれまで果たしてきた役割にこだわらず、これが雄の宿命と達観して、そんなことは気にしない、と腹を固めるのである。どの道、後少しばかりの時間なのだから……。

●足や目が悪くなったら覚悟を決めよう

今の老人社会は敗戦の申し子である団塊の世代が中心になってきている。

日本が戦争に負け窮乏を極めていた時代、大量の兵士や民間人が海外から祖国日本へ帰国し、娯楽もない中で夫婦がすることといえば他にない。その結果生まれたのが戦後のべビーブームといわれた現象である。それが今騒がれている団塊の世代だ。だからといって団塊の諸君に罪はない。いわば自然の成り行きだったのだ。

ところが、七十年経ってみると皆老人になり、年金生活者となる。さあ、これからこの老人達の処遇をどうするかというのが問題なのだ。

老人は今の若者は「けしからん」と思う。

団塊の世代は君たちの親ではないか。それを忘れて年金は支払わない、子供は生まない、これでは親に早く死ねといっているようなものだからである。

中でも今彼らがいっていることは何だ。こうした老人を〝駆除〟しなければならないと叫んでいる。

団塊世代はシロアリかガン細胞みたいなもので、生かしておく理由などどこにもない、と切り捨てられては立つ瀬がないだろう。

その論拠は、老人を弱者として手厚く保護すれば、国の財政が崩壊する、そのツケを若者に負担させるのはおかしい、ということにあるらしい。

まあ、彼らがいうのは年金生活者全体を指しているのだろうが、それにしても、そういう君たちも将来同じ老人になることを忘れているとしかいいようがない。

また、別のいい分では七十歳以上の老人に殺し合いのバトルをさせてはどうか、というのもある。

「お前たちのような脳足りんバカこそ、選別して駆除してやりたい」といいたいくらいのものだ。

「文句があるなら年金財政を支える子供をもっと生め。そうしないと、お前たちが老人になった時、後悔することになるぞ」と秘かに思う。

その頃には老人はあの世に行っているから、知ったことではない。

さらに、介護も問題の一つである。

ただ、これは老人の考え方で何とかなる。

老人も襟を正して、介護など期待しないことだ。足腰が立たなくなってしまえば、もうこれまでと観念しよう。寝たきりになり人手に頼ってまで生きながらえても何もいいことはない。

ましてや、病院のベッドでたくさんの管を付け、息だけしているといった様はどう見ても美しくない。それより毅然として可能な限り自力で切り抜け、病院にも入らず、老人だけができる尊厳死を選ぶのである。

どうせ行き着くところまでは時間の問題だからだ。管を付けて少しくらい時間を稼いでもその先はあの世と決まっている。

そういった意味では、足や目といった場所が悪くなったら、覚悟を決めよう。こうした場所が老化して機能しなくなれば、必ず人手に頼らなければならなくなる。そして大体良くなる見込みはない。

老人なんかも時々右ひざが痛む。まだ、時々だから、外出はできるし、好きなゴルフもたまには可能である。

しかし年々その度合いは強まってきており、いずれ散歩すらできなくなると予想している。これが進行し両足にきて、歩くのも不自由になれば介護となる。目も不自由になるとこれも人手が必要になる。これらはいずれも他人の世話を受けなければ生きていけない。

したがって老人はこうした状態になれば、これまでと諦めることにしている。決して身体にメスは入れない。手術して良くなることはないと思っているからである。

●情報とやらの外でのんびり

こんな老人がいることを知ってか知らずか、最近テレビで「すぐ入れます、持病があっても入れます、入院費用も補償、葬式費用も……」といったコマーシャルが頻繁に流れている。

「入れます、入れます」というが、保険は入ることが目的ではない。いざという時、保険金で保障するのが役割のはずである。

よく見ると対象は三十歳とか四十歳くらいで、老人の場合は保険料が高額となる。ともかくすぐには死なない若者の勧誘がネライで、金を集めるだけ集めようという魂胆が見え見えである。

将来、今加入した若者が老人になり支払いがどんどん出始めるとどうするのだろうか、と心配になるくらいのものだ。今のところ一年ごとの掛け捨てのようだから、儲かるのは保険会社だけということになりそうだが騙されてはいけない。

老人はヘソ曲がりだから、こんなのは信用しない。

第一、支払った保険料を上回った保障金が出るわけがないと思っているからだ。それでは保険会社が成り立たないはずである。老人になったら、こんな保険はこちらから相手にしない方がいい。

現在、大手の生保や損保でも、肝心な時の保険の不払いが百万件以上もあって問題になっているくらいだ。

彼らにいわせると、契約時の規約にちゃんと書いてあるというのだが、どうも疑問がある。あんなのだれが読むか。行政もしっかりチェックしてほしいものである。

元来、保険というものは好きではない。とくに生命保険は自分の命を担保にして、他の者にお金を残す制度である。保険を掛ける自分には何のメリットもない。気にいらん。だから老妻にも常日頃いってある。「オレは生きている間はお前たちの面倒は見るが、死んだら面倒を見ようにも、見ることができない。だから、死んだ後の保険なんかには入らないよ」と。

もっとも、もうこの歳では保険会社から声もかからない。

ことほど左様に、我々を取り巻く情報は「厄介者の始末」的なものがいかに多いか、ということだ。

テレビや新聞の情報は、ろくなものはない、と心に決めておくのがいい。目障りではあるが最初から気にしないのだ。そうすれば腹も立たない、血圧も上がらない。

●テレビはヒマ潰しだ

毎日暇を持て余していると、テレビを見ている時間が増えてくる。テレビのなかった時代の老人はどうしていたのだろうか。

子供の頃、ラジオはあった。それでも四六時中ラジオを付けていたという記憶はない。電気がもったいない、という時代だった。

今では老人だけに限らず、テレビのない生活はどの家庭でも考えられないのではないだろうか。

問題はその放送の中身だ。

毎日が日曜日の老人にとっては家にいる時、退屈しのぎにテレビをつけている時間が多くなる。そんな中でいつも思うのは、性懲りもなく毎日どの局も同じような番組ばかり流して反省するところがない、ということだ。

ドラマは荒唐無稽な殺人事件か、よろめきもの。それも大体終わり頃に事の次第を語らせる、たわいのないワンパターンものばかりである。

歌番組ときたら、字余り字足らずの抑揚の乏しい曲の繰り返しである。これがニューソングというのだろうが、感動も癒しもない。幼児性の甲高い声を聴いていると引きつけを起こしそうになる。

音楽というのは不思議なもので、自分の多感な時代に慣れ親しんだものがもっとも受け入れやすく、そこで感性が止まってしまうような気がする。だからいつも大人は子供の聴いている音楽を批判する。たしかにそうだった。「そんな音楽を聴いて……」といわれていたのを思い出す。その繰り返しなのだろうか、今の音楽には感動を覚えない。

そうでない時間帯はバカ丸出しのタレントのグルメ番組やら旅行番組、こんなのだれが見るのだろうかと思う。

ドキュメントというから、少しは中身があるかと思えば、視聴者に媚びた捏造は当たり前らしい。

バラエティー番組、クイズ番組といったものも出てくる人物はほとんどタレントといわれる人たちで、笑うところも、答える内容も台本通りで、常識も経験もない低俗そのもの。自分たちだけが騒ぎまくって楽しんでいるだけで、視聴者の視点などどこにもない。

どうしてこうもテレビにはお笑い系のタレントばかりが出てくるのだ。

○○興業とかいうお笑いタレント養成会社が送り出す芸もなければ顔も下品、頭の中は空っぽといいたいような人物ばかりが跋扈している。

こんなのを見ていると、吐き気をもよおしてしまう。

お笑い系というのは名前は控えるが、チョイ悪オヤジどころか、モロ馬鹿タレントばかりである。

お笑いも芸人なら落語家のように、それなりの磨かれた芸というものがありそうなものだ。ところがテレビで騒ぎまくる芸人といわれるタレントには、それがない。大勢のタレントが集まって遊びまわっている様子を視聴者は見せられている。

テレビ局のエライ人は、老人がこんな見方をしていることなど、ご存知なかろう。だからこちらはそんな番組は一切見ないことで溜飲を下げている。

子供はこんなのを毎日見ているわけだから教育上良いわけがない。

テレビの影響は大きい。頻繁に出て、顔が売れれば代議士にでも知事にでもなれるのだ。

●ニュースショーを信じてはいけない

それと、もう一つニュースを題材にしたニュースショーとか、ワイドショーというヤツがある。

画面に出てくるキャスターとかディレクターという人物、どんなニュースでも自信たっぷりに語り、大変な物知りと思いたいが、とんでもない。

いずれも、サル回しのサルだ。

台本に書いてある通りにしゃべっているだけである。それに側にいるコメンテーターというのも曲者で、いつも同じ顔ぶれで飽きもせず、真顔で正義を語って見せる。それも台本通りで、色の付いた身勝手な正義を解説しているだけである。

彼らは、自ら現場を取材したわけでもなく、専門の知識を持ち合わせてもいないのに、どんな事柄でも一刀両断に切り捨て、まさに〝見てきたようなウソをいい〟で毎日ギャラを稼いでいるのだ。

こちらは若い頃、ジャーナリストの端くれにいただけに、彼らの面白おかしく解説して見せるニュース報道は、往々にして「いい加減なことをいうな」と、腹が立ってくる。

どんなことにも、その背景や経緯がある。表に現れた現象だけを見て云々するのは正しくない。ニュースのショーだからといわれればそれまでだが、これが毎日見ている人々に知らず知らず影響を与え世論形成につながっていく、それをおろそかにはできない。

テレビ放送が始まったころ、いずれこの国は一億総白痴化する、といわれたものだが、今や、現実なものになってきた。

ともかく、こんなニュースショーを信じてはいけない、あれは局側の時間つぶしなのである。

こんなことをいっていると、老人はテレビにも相手にされないことになるのだろうが、それでいい。

だが、いっておきたいこともある。

例えば、ことさらヒステリックに取り上げている、隣の国の「南京大虐殺」とか「従軍慰安婦」といった日本人の名誉にかかわる報道である。

内容まで立ち入ることは省略するが、いずれも七十年以上も前の不幸な戦時中のことであるとはいえ、二十万人も三十万人も理由なく虐殺する残虐性は農耕民族の日本人にはない。

慰安婦問題でも、当時は公娼という野蛮な制度が公認されていた。今の倫理観や価値観で云々するのは間違っている。それに先方の主張だけで、何ら確証はないのである。

こういった事柄をコメンテーターという偏向知識人が自虐的に語ってみせても、何も良い結果は生まれてこない、馬鹿げている。

もう一つ、若者向けのアイドルという人種がわからない。

個性の時代といわれながら、どうしてみんな同じ顔の造り、同じ表情をしているのだろうか。

老人にはそう見えるのだ。

ある老人にいわせると「それは小学校から給食で同じものを食べ、差別は敵だ、と同じように育てられてきたからだ」という。

ある学校医によると「今時の小学生は健康診断の際の検便（糞）を見ると、結果がみんな同じだ」といっていた。

学校では同じ給食、家ではカップフーズと、どの家庭でも食生活が同じだからだろう。

これが良いことなのか、悪いことなのか、お母さんたち、しっかりしてくださいよ。

老人には、もうそんな子供はいないから、気にしないことにしているが……。

ついでにもう一つ提案がある。

このような生産性を伴わない、教育的にもよくないTV放送は止めたらどうだろう。せめて昼間の十時から午後四時までの六時間くらいは各TV局とも一斉に放送を休むのだ。そうすれば電力事情は画期的に改善されると思われる。

今、原発問題でいろいろ騒がれているが、これも詰まるところ電力需要にかかわることである。くだらない昼間のTV放送が無くなれば原発の数基に相当するものが無くてすむはずである。放送を止めても視聴者に困る人はいない。敢えていえば昼間見ている老人くらいのものであろう。

●スポーツに嘘はない?

歳を取ってくると、スポーツは自分でやるより一流選手が活躍するテレビ観戦の方が多くなる、当たり前である。

世の中はウソや欺瞞や捏造で満ち溢れているが、スポーツの試合にはそんな誤魔化しがない。実力の世界だ。

とてつもないことをやって見せてくれる選手には、それがどれほどの苦しい努力や経験を必要としているかを考えるだけでも頭が下がる。だから無条件で楽しめるのだ。

高校野球などは、どのチームの選手も長く辛い練習に耐え、力いっぱいプレーに専念している姿は清々しい。


ところが、このスポーツの世界にも時々お金にまつわる忌わしい話題が出てくるのは残念なことである。

そのほとんどは選手を使ってお金を儲けようとする取り巻き亡者の仕業だが、そんな話を聞きたくない。

どんなスポーツでも、一流選手といわれるまでに成長するには並大抵の努力ではないのだ。それを自分のお金儲けに使おうと企む人間がいるというのは許せない。

高校野球選手がプロ野球を志望する場合、老人などにはよくわからない何とか協約というものがあるらしく、すべて選手を縛り上げてしまう。

この国には職業選択の自由がある。どこのチームに行こうが行くまいが、いいではないか、と思う。

選手は小さいころから自分で目的をもって日々努力し、やっとその夢が果たせるのである。

それをプロ野球球団はくじ引きをして、お前はここ、君はこちらとより分け、本人の希望とは関係なく決めておいてお金を積む、まさに人身売買である。

本人が希望する球団が技量なり人格なりをテストして決めればいいではないか。

そうすると有名球団に希望が集中するから困るのだという。

だから球団側も特定のチームに選手が偏らないようにくじ引きで順番を決めておき、本人の志望とくじ引きの順番でお金をちらつかせ、選手を買うのだ。

中には高校在学中から、栄養費とかいった訳のわからない名目でお金を支給し、本人の志望を縛ってしまうこともあるらしい。

こんなことは球団側というか、チームの都合だけではないのか。おかしい。


それにスカウトの金額も最近では半端でない。

まだ実績も経験もない高校生に、サラリーマンの生涯賃金を上回るような何億というお金が飛び交う。

こんなことがまかり通る社会は健全とはいえない。

それを知っていながら、最近の親は自分の子供を早くから野球選手やゴルフプレーヤー、サッカー選手など、お金の稼げる大人に育てようと躍起になる。

これもどこか狂っている。

こうした世間離れした裏話をテレビや新聞で聞かされると、見るほうも気持ちが萎える。まぁ、その親の勝手ではあるので、老人がとやかくいうこともないが……。

●何とか対応を考えろ、相撲協会

日本の国技である相撲もいいが、どうも日本人力士が不甲斐ない。

番付上位の横綱はモンゴル人ばかりである。それはそれで裸でぶつかる実力の土俵だからいいのかもしれないが、老人は日本人力士がダメになった方を嘆く。

相撲は元来、日本人のルーツである神道の内の神事だった。だから今でも年に何回かは明治神宮に横綱の土俵入りが奉納される。

この日本人古来の拠りどころである相撲が、外国人に支配されているというのは、ちょっと情けない。

相撲といえどもスポーツだから国際化も必要と判断されての結果だろうが、一説には、日本人の子供には相撲界を志望する者がいなくなったことが、こうした実態を招いたともいわれている。

たしかに、相撲世界は封建的で上下関係は厳しく、修業も並大抵ではない。しかも子供の頃から素質と身体の大きい者を選んでこの道へ誘うわけだから、今時の飽食と楽な生活に慣れた子供たちに人気があるわけもなかろう。協会が外部に目を向ける事情も頷けるところだ。

外国人力士はというと、大体において貧しい国や社会で育った者が多い。だからハングリーだ。つらい修業にも耐える強い意志をもって来ている。それに上昇志向がある。今の日本人に最も欠けている素質を十分備えているといっていい。強くなるのは当然である。

その内、相撲界はモンゴル、ポリネシア、韓国、中東あたりの出身力士で占められ、日本の国技が外国人によって繰り広げられることになるのかもしれない。そうなれば国技なんていえなくなるぞ。何とか対応を考えろ、相撲協会。

せめて、スポーツの世界くらい健全であってほしい。老人の唯一の楽しみなんだから。

●昔の部下は部下ではない

現役を離れ、毎日が日曜日となった老人には、かつてのような華やかな夜の仕事？　はない。昔の同僚や後輩からの音信も徐々に遠のき、せいぜいお義理の年賀状が来るくらいが関の山となる。

それでも老人は生きている。黄昏時、人恋しさに酒でも一杯飲みたくなることもある。この空白のような孤独感はだれもが一度は経験するだろう。

老人なども、退職後しばらくはそんな覚えがある。これに慣れるには少し時間がかかる。昔の部下や飲み友達に用事もないのに「元気か」などと電話して様子を伺ってみたりする。

だが、こうしたかつての同僚や後輩に暇な老人のお付き合いを求めるのは止めたほうがいい。自分が惨めになるだけである。

考えてみれば、現役時代は命令によって動いてきた部下も、退職してしまった元の上司に、その後まで付き合う義理はない。大体迷惑そうに適当な理由をつけて断られるのが落ちである。こうした時、それが信頼していた部下ならことさら寂しくなるものだ。

自由を楽しむ孤高な老人は昔の人脈などに期待してはだめだ。そんな現役時代のような関係は、すでに終わっているのだから、さっぱり忘れることが肝要である。それがせめてものプライドというものだ。


これは仕事の上でも同様である。

老人になっても、友人や古い知人などから、子供や知り合いの就職とか、ちょっとした仕事の紹介などを依頼されることがある。

「もう退職しているので……」と一応は断るが、紹介だけでも、といわれれば無下に断ることもできない。

そんな時、昔の職場に顔を出すと、決まって煙たがられる。

昔の部下が、老人の現役時代より上のポストにでも出世でもしていようものなら、なおさら気まずそうな顔をされることが多い。

考えてみれば、彼らにとっては先輩といえども、現役は自分たちだ、と考えているだろうし、部下だった頃叱られたり相性が悪かったと思っていたとするなら歓迎するはずもない。老人側にそんな気はなくても、そんなものなのだ。

こんな経験は自分だけのことかと思っていたら、別の老人からこんな話を聞かされた。

●昔の出来事は遠くから眺めてた方がいい

この人はある大手企業の人事担当を最後に退職しているが、ある時、所要があって昔勤めた会社の近くまで出向いたため、表敬のつもりで会社を訪ねたという。それも三十年以上前、彼が人事課長のころ採用した△△という人物が社長まで出世したことを知ったからである。

ところが、玄関を入ろうとしたところ受付で、「どなたでしょうか」と怪訝な顔で阻止されたらしい。

「以前この会社に勤めていた○○です」と答えても、社員でない方は訪問部署と面談相手を告げていただかないと入れません、といわれたらしい。

この会社は、昔からどの部署でもオープンドアを原則としていて、だれでも自由に面談できることを慣例としていたが、世の中が危うくなった現在ではセキュリティー上、止むを得ないことなのかと思い直し、

「○○ですが、社長の△△さんに会いたい」と告げると、

「アポイントはありますか」と聞く。

「ちょっと近くまで来たので……」というと、

「アポイントのない方にはお会いできません」と、無碍もない。

そんなやり取りをしていて、表敬の気力を失ってしまい帰ってきたという。

「われわれの時代は先輩が訪ねてくれれば、時間をやりくりしてでも玄関まで迎えに出るのが常識だった」と。

それがいつの間にか様変わりしていたのだ。

昔勤めた会社は、ＯＢにとっていわば実家のような懐かしい安堵の感覚がある。ところ

が会社の玄関先でこんな扱いを受けると悲しくなるものだ、とこの老人は散々嘆いていた。

確かに時代は変化しているが、会社といえども人の集団である。昔、自分も会社人間だったが人の機微だけは知っていた。人を人とも思わなくなれば、いずれ大きなものを失うことになる。

その証拠に、会社の不祥事は毎日のように起こっており、その都度幹部がテレビの前で見たくもない〝キヲツケイ、レイ〟を繰り返している。老人にはもはや縁のないことだが、情けない姿である。

昔の部下とのお付き合いはこんなものである。用事があろうがなかろうが、できるだけ遠くで眺めていた方がいいらしい。気にしない、気にしない。

●逃げ出す道を残していることは幸せ

家にいれば老妻に邪魔にされる。

いろいろ接する世の中の出来事は腹の立つことばかり。老人になっても決して安穏とはしておれない。

こうなっても解決の妙案はない。

そうなればどこかへ逃げ出すか、酒でも飲んで一時の憂さ晴らしするのが老人になってからの逃避策、いや問題解決策となる。

逃げ出す道を残している老人は幸せである。そうでなければ、時には周囲のことは忘れて一杯やろう。これが一番だ。

老人は思い立つとすぐ散歩に出かけることにしている。道々いろいろ発見があったり、出会いがあったりする。大体半径二キロくらいがその範囲で、できるだけ違った道を選んで歩く。遠くにきてしまった場合は電車かバスで帰ってくることにしている。

散歩といえば聞こえはいいが、まぁ、老人の徘徊といったところだ。


そんな折、どこにどんな店があるか、例えば月一回は必要な理髪店、痛みの我慢できない歯医者、昼食で利用するそば屋、パン屋、ファーストフーズ、コンビニ、といった所から、公共の出張所や施設など、周囲の様子をよく覚えておくと結構役立つ。

これは老人になれば大切なことの一つである。

どこに行けば目的の店があり用事が足せるかを知っていれば、口うるさい老妻に相談しなくて済むというものである。

●一杯飲み屋で結構

近所の一杯飲み屋（居酒屋）はどうしても駅の周辺に限られるが、当然都心のような派手な店はなく、ひっそりとおばさん一人で営んでるような小さな店が何軒かあるだけである。

その一軒に焼きとり屋がある。間口一間半くらいで内部は粗末なテーブルが二つ、カウンターには四、五人ほどのイスがあるだけで、店先ではいつも三十歳くらいのお兄ちゃんが、煙をぼうぼう出しながら威勢よく焼きとりを焼き、店内ではパートと称する五十がらみの気さくなおばさんが客の注文を取っている。

この焼きとり屋が気に入っている。しょっちゅう行くわけではないが、気分が優れない時などに焼きとりを食い、一杯飲みに行くのである。

この店では焼きとりを焼いている屈託のないお兄ちゃんがいい。

行くと、いつも笑顔で「しばらくじゃないですか、変わりありませんか」と元気に声をかけてくる。

それにどこから仕入れるのか、周辺の情報に長けている。なかなか人を逸らさない商売上手だ。

いつもレバー、皮、ねぎま、の三本と生ビール中ジョッキ一杯を注文して、お兄ちゃんや他のお客などと当たり障りのない世間話をし、気分を切り替えるのだ。これで千円程度。

他から見ると、何の変哲もない飲んべえ老人に写るだろうが、これで十分満足する。もう、役立たずで生きているのだから、他人が何と思おうが気にしない。

大事なことは、こんな一杯飲み屋で昔の自慢話は禁物である。同時に他人の私生活に干渉しないことだろう。

老人になると、どうしても若者の言動を批判したり、他人のことに口を挟んだりする傾向がある。これは敬遠される。

ともかく、自分の適量で喉を潤し、焼きとりで少しばかりの栄養補給をして足元のしっかりしている内に帰ることにしている。時には老妻に焼きとりの二、三本でも買って帰ると、歓迎されることもある。

現役の頃のように、高級クラブやバーで社用と称してバカな浪費をし、遅い帰宅の代償に家人が喜びそうな寿司やケーキなどのお土産を持って車で帰るのとは比べるべくもないが、過去の華やかな時代は終わったのだ。気取ることもない。懐中と相談しながら、焼きとり屋はいいいと、割り切って行くことにしている。

毎日が日曜日では、こんな気分転換でも見つけ、息苦しさを解消することも大切なのである。

酒を飲まない御仁もあろうが、一日中家でゴロゴロしているのだけでは、刺激もないだけに早くボケることになる。それぞれの勝手ではあるが……。

●孫、子供と老人

〝孫はなんて可愛いのだろう〟という演歌が流行ったことがあった。

なかなか老人の機微を突いた歌で、ほろっとさせられる文句があると同感された御仁もあっただろう。

我々の時代は〝働け働け、追いつけ、追い越せ〟だったから、子供や家庭のことは女房任せで、ほとんどの父親は失格だった。

外で教育を語る偉い先生でさえ、自分の子供に対しては父親として十分な役割は果たしてこなかったのではないだろうか。


この年代になると、子供があれば孫の一人や二人はいるだろう。そこで初めて子供（つまり孫）の成長を冷静に見ることになる。

老人なんかも孫が遊びにくると、訳もなく嬉しくなる方である。これは自分の子供に対して果たせなかった役割の裏返しで、いわば罪滅ぼしのような感覚である。だから、ついつい甘くなり、孫のいいなりになるか、欲しいというものは買い与えることになる。そして親に怒られる。

ただ、孫との付き合いには、相当な労力が要る。せいぜい一時間くらいが限界である。後は知らない、と無責任でいる方が無難だ。

小さい頃の孫との会話では、

「じじ、お月様は丸いのと、半分になったこのスイカのようなのと二つあるんだね」と、夜空を見上げていう。ある夏の夜、ベランダでスイカを食べていた時の話だ。

こんな頃の孫は、可愛いだけでなく、汚れのない発想を教えてくれて嬉しくなるものである。

●柔軟で純真な孫、薄汚れた俗世に浸った老人

ところが、孫も小学生の高学年くらいになってくると、小遣いをねだりにくるだけでなく、老人には手に負えなくなることも出てくる。

ケイタイやパソコンの操作は当たり前、テレビに出てくるタレントの名前や生い立ちなどはほとんど知っている。

それだけではない。ちょっとした難問も結構持ちかけてくる。

ある時、孫とテレビで交通事故の医療活動を見ていて、

「どうして人工呼吸すると人は生きかえるの」と聞くので、

「心臓が動かなくなると死ぬからだよ」というと、

「心臓は何で動くの」と、ドキッとするような質問をする。

動くものにはエネルギーが必要であることは物理の原則として知っている。では心臓を動かすエネルギーは何だろう。血液か。血液だとしても、血液は水分と鉄分ほかの成分でできており、そのものが石油のように燃えるわけではない。確か心臓は臓器移植などで体外に切り出しても、しばらくは動いているのを見たことがある。

孫に、あれは自動的に動くものだ、と教えても納得はしないだろう。困った。話を逸らすのに精一杯になった。

後で考えた。たしかに疑問は大いにある。「心臓はどうして動くのだろうか」と。大宇宙の波動によってでも動くのだろうか、未だに答えが見つからない。

それにしても近代医学は人間の組成は全て解明し切ったといっていながら、アメーバーのような原始的な単細胞一つ作り出すことはできない。まだまだわからないこと、生命の神秘は山ほどある気がする。一度その道の権威にでも聞いてみたい。

また、こんな話に遭遇したこともある。

「太陽は地球よりも大きくて物すごい熱で燃えているんでしょう?」と聞く。

「そうだね」

「じゃあ、そのうちだんだん燃えるものが少なくなって、太陽は小さくなるね」という。

「そうかも知れないね」と答えると、

「じゃあ、そのうち燃えつきて、太陽は小さくなって、なくなるの？」という。

「大丈夫だよ、何十億年も先のことだろうから……」といって、ハタと考えた。

こんなことは老人の子供の時には考えたこともなかった。


何にでもまだ純真な心を持っている孫の方が、はるかに頭は柔軟で広い。時代の違いと、薄汚れた俗世にどっぷり浸かった老人との違いを思い知らされた気分になったものである。

こんな時は早めに少しばかりの小遣いを渡してお許しを乞う以外に、老人の権威を維持する方法はない。

いつも孫と同じように、人生には沢山の答えのわからない疑問がでてくる。

まぁ、ここまでくれば、あまり気にしても仕方がない。のんびりしよう。

●夫婦は妥協の産物

女性が力をつけてきたからかどうか、最近は男が定年を迎える前後になると、それまで連れ添ってきた女房から三行半を突きつけられるケースが増加してきているらしい。どうもこの頃になると、男の力も評価が固まり、その後に期待できそうなものがなくなるからだろう。つまり賞味期限が切れた、ということだ。

それでも、一人で生活できる自信のない女性は嫌々ながらでも終点まで一緒に生活する以外ないが、そうでない場合は夫婦解消ということになる。

このあたりまで来ると、夫婦はお互いを知り尽くしているから、ちょっとやそっとの話し合いで元に戻れるものではない。

これは仕方のないことである。仮にどちらかが我慢してその後の夫婦を演じていくにしても一度こんな衝突があると、女性は感情的な動物といわれるだけあって、元には戻らない。以前にも増してお互い罵り合うか、冷め切ったギクシャクしたものになることだけは間違いない。

こうした段階になれば、決心して離婚した方が賢明だと思う。なぜならお互い気持ちが通じなくなって一緒に生活しても心の休まることはないばかりか、毎日針のむしろの上で生きていくようなストレスの連続になるだけだからだ。老後にこうした状態になるのはどちらにとっても悲劇である。

夫婦は、一方の考えを押し通すことはできない妥協の産物だと思っている。お互い妥協しなければ成り立たないのだ。

違った生い立ちで、知識も経験も異なる男と女が一緒に生活するわけだから衝突は当然起こる。

それでも若いうちは愛情とやらのオブラートにつつまれているから、違いは目に入らない。

それが歳を取ってくると、このオブラートが溶け中身が丸出しになってくる。そうなれば、ことあるごとに摩擦が起こり、どちらかが屈服することでしか収まらなくなる。そして夫婦解消である。

だから、男たるもの常々このことを心に留め、将来が案じられるようであれば早期にオプラートの外に出て、決断した方がいいのだ。今の若者はこのことをよく知っているようで、若くても離婚に躊躇しないのは評価できると思う。

●熟年離婚

かつて、夫婦二回結婚を説いた人がいた。

男から見て、若い時は歳上の女性を相手にし、歳取れば若い女性と結婚するという二度結婚説だ。

男からすればちょっと魅力もあるが、歳取って若い嫁さんをもらうと、体力が付いていかず、惨めなことになりそう。

クワバラ、クワバラ、結婚は一度でたくさんである。

さらに、熟年離婚は女性にとっては年金分割が認められるようになったから、増えてきたという理由も一つあるが、年金は分割しても女性の取り分はせいぜい月十万円程度が限度である。他に蓄えでもあってその後の生活が安定するなら救われるが、大体そんなお金で生きていけると考えるのは浅はかだ。歳取った老女の働く職場などありはしない。

仮にあったとしても、夢に描いた一人暮らしは、今までのようなダンナに文句タラタラ気ままに暮らすようにはいかない。逆に離婚してみてダンナの有難みがわかろうというものである。


男にとってはどうか。

短期的には、どうも男の方が落ち込む度合いが高いらしい。

それまで、頭の中では一人の方が気楽でいい、と考えていたとしても、いざ女房に逃げられてみると普通の男は途方に暮れるという。

一人暮らしとなれば日常の生活がわからない。食事はコンビニで何とか済ませられるが、炊事、洗濯、掃除といった主婦業はほとんど経験がない。

いちばん困るのは自分の衣類や必要なものがどこにしまってあるのか、こればかりは見当もつかない。夏でも冬でも同じものを着て何の疑問も感じないようになるとホームレスと同じである。

まぁ、日頃から万が一のことも考慮して、いつでも自立できるように対応しておくことが肝心なようだ。

結婚式などで、よく二十代は愛情、三十代は努力、四十代は忍耐、五十代は諦め、などと夫婦のありようを説く人がいるが、この延長で行くと、六十代は熟年離婚、七十代はあの世行き、とでもなるのだろうか。

どちらにしても夫婦というものは自身の身体に沿って色あせ、殺伐としてくるもののようで永遠のテーマである。よくわからん。

気にしても仕方がない。

●人間どこまで長生きをすれば気が済むのか

古代中国の杜甫という人は「古希まれなり」といったとか。

今でこそ七十歳の年寄りはめずらしくはないが、二千五百年も昔では七十歳も生きるというのは本当に希だったに違いない。

われら老人は、その希なところまで生きてきたわけだ。もう十分と心得なければなるまい。

杜甫という人物はただこの言葉を残しただけではない。伝記によると自分がこの歳まで生きたことがよほど嬉しかったらしく、その後が面白い。

身内や仲間を集めて、飲めや歌えやの大騒ぎを何日も行ったという。当時の状況を想像すると、まさに酒池肉林のお祝いだったらしい。

今時の老人たちにそんなことができるわけもないし、七十歳老人は周囲にごろごろいるわけだから、めずらしくもない。

しかし、杜甫の気持ちはわかる気もする。できれば老人も人生最後の憂さ晴らしにそんなバカ騒ぎでもやってみたいが、お金はないし、家族ですらお祝いもしてくれやしない。

これまで還暦の時もそうだったし、これからの傘寿とか、喜寿とかが来たとしても何もあろうはずはなく、それまで自分の命のほうが持ちそうもない。

人間、どこまで長生きをすれば気が済むのか、最近考える。

もうここまで生きればいうことなし、と思っているが、いつまでも恋々と長寿を考えている御仁もいる。

他人の命だから知ったことではないが、考えてみるとお金と地位と権力を持った人ほど長生きしたい願望が強いようだ。

いつまでもいい思いをしていたいという我欲と執着心がそうさせるのだろう。昔の権力者は不老長寿の薬をどこまでも探し求めたようである。しかし、それを手に入れたという話はない。


これに対し、庶民は苦しい労働や苦難から早く逃れたいため、長寿などあまり求めなかった。それより早く今の苦難から逃れるにはあの世に行った方がいいという考えのほうが強かったのではないだろうか。これが浄土教の始まりであろう。浄土はこの世と違って何の苦しみもなく、穏やかな毎日が暮らせると考えたのである。

ところが、今ではお金も権力もない庶民が長生きしたいと願っているというから、ややこしい。

●〝古希まれなり〟これで十分

ゾウやトラ、ライオンなど野生の動物世界では、現役を退くと即、死である。

自らの力が衰え、行動力も鈍ってくると雄としての役割は終わりとなる。黙って群れから離れ、一人（一匹）死地を求めて消えていくのである。

つまり雄としての役割である〝エサ〟が取れなくなると群れから相手にされなくなり、若い雄のリーダーに取って変わられる。厳しい掟である。

人間世界でもエサ（サラリー）が取ってこれなくなると、相手にされなくなるのは同じだが、人間の場合はその後、いろいろ繕いが始まる。役割が果たせなくなっても介護だの養老院だのと都合のいい制度を作っている。

こんな勝手な制度を作っていいのだろうか。どんなに手を加えてもいずれ必ず死ぬのだ。もう人のためにも、世の中のためにも役に立たないばかりか、ぶら下がりで生きていくだけである。

長寿はめでたい、喜ばしいというのは本当だろうか、と時々思う。古希を迎えてみると体力はなくなるし、歯は抜け、体中あちこち老化による故障が出てくる。そして日に日にボケか老衰に近づいているような気がして、少しもうれしくない。

だから、めでたいとも喜ばしいとも思わない。

世の中では時々矛盾したことを、あたかも当たり前のことのようにいう。長寿は本人にとって、周囲が囃し立てるほど、めでたいことでも喜ばしいことでもない。少なくとも日々身体は衰え、病気、死と古希前後から必ず始まる現象は決してうれしいことではない。自らの意思で行動もできなくなって何があるというのだ。

長寿を祝うのは、本当は「もうお前は役に立たないから、早く死ね」という褒め殺しのサインではないかと勘ぐっているくらいだ。

杜甫も七十歳まで生きたことに自分で納得し、ここまで来た、「やったぞ」と思っただろう。そこまでは同感である。

その後も自ら望むような満たされたものであれば文句はない。

しかし、杜甫といえども衰えていく自分の身体、思考、制約される行動などはどうすることもできなかったに違いない。

だから、「古希稀なり」は、その時点で「まぁ、よく生きた。ここまでくれば満足、満足」という気分だったというのが本当ではないだろうか。

われわれ老人も、この故事にならってあまり欲を出さないことだ。欲を出せば醜い老人を生きることになる。気にしたくない。

●美しい老後

「あんた百まで、わしゃ九十九まで、共に白髪の生えるまで……」こんな文句が昔あった。白髪や禿は早い者では三十歳くらいから始まる。昔の人は時におかしなことをいうが、まあこれは一つの比喩だろう。長寿願望の理想を表したものだ。

問題は夫婦が共に死ぬまで、健康でお互い二十歳代の結婚当初のような新鮮な気持ちで、喧嘩もせず離婚もせずに終えられるかどうかである。

老いてしまった野生動物がどのような結末を迎えるか。歯が抜け、敏捷性を失った動物は群れから阻害され、一人（一匹）静かに死に場所を探すことになる。人間も動物である以上、現象としては同じでなければならない。

ところが、人間社会では老いてしまっても終着点を回避しようと懸命に抵抗する。歯が抜ければ歯医者があり、身体の故障は病院だ。そして長寿を求めたあらゆる健康法が花盛りである。

それだけではない。本屋をのぞいて見るといい。

長寿の秘訣、老後の生き方といった書籍が山積されており、体調の衰えには各部分別にその療法がいくらでも示されている。

また、老人の生きがいとか、老後の指針とか、老後が面白いとか、六十からが人生といった老後を奮い立たせるような情報のオンパレードだ。

それが悪いといっているのではないが、そんなのはみんなウソだと思っている。

自分がその歳になってみればよくわかることだ。

つまりこうした本や情報が氾濫しているということは実際はその裏返しで、老後は面白くもおかしくもなく、死までの時間があるだけということを語っているようなものである。

でも、そうでない老人も中にはいるようである。老後は自分の体が思うように動かなくなる前に憧れの海外でのんびり暮らそうとか、田舎の自然に囲まれて暮らしたい、といった人たちだ。

こういう御仁には敬意を表する。だが、歳を取ってからの生活環境の激変はいい結果をもたらさない場合が多いことも忘れてはならないようだ。これは動物の世界では共通しており、人間も例外とは思えない。

自然に囲まれた田舎で、真似事の農業でもして老後を過ごそうというのも目下流行りだ。これも考えるほど甘くはない。

老人は田舎の百姓出身だからよくわかる。農業仕事は都会の一坪くらいの貸し菜園を楽しむのとは訳が違う。それに周囲との人間関係がうまくいかないと孤立してしまい、友達もなく、便利な都会生活に慣れた人間にはバラ色の老後どころか、孤島の原始生活になること請け合いだ。

●今日も生きたと確認して床につく

こうした老後を考えている御仁に水をさすつもりはないが、仲のいい老夫婦といえども美しい老後の生活環境はそう簡単には存在しない。

しかし、現状のまま毎日することもなく、いたずらに時間だけを費やす生活が続いていくと、老人といえども何かに焦りを感じるようになる。ここからが危ない。

一日に自らがしなければならないことといえば、三度の食事と排泄、それに就寝だけとなると乳幼児と変わらないことになる。

それでも体調が良ければ、散歩や遊び、旅行なども可能だろうが、それにも多少の気力は必要である。それすら失ってしまえば、死地を探さなければならない段階だ。

その前に痴呆症にでもなってしまえば、自分の意識はないだろうから万歳だが、周りの家族にはとんでもない重荷となる。

それ以外に老後に残されている道はどこにもない。

こんな老後が美しいはずがない。


男の場合、現役時代の長い激務（?）が高じて老人になると、途端に老けだして萎んでいくことが多い。

ところが女の場合は、長い間溜め込んできたエネルギーが老人になって爆発する。だからどうしても年老いた男と女の間にはギャップが生じるのだ。

女が年老いてくると、まず、口が達者になる。それまで比較的無口な女でも、ある程度歳をとってくると自分は世の中のことで知らないことはない、とばかり何にでも口をはさみ、周りの者にはお構いなしに自分の意見をまくし立てるようになる。おしゃべりの度を越した状態である。

日常、本や新聞などで正しい情報を身に付けていれば、まだ救いがあるが、過去の拙い自らの経験だけで導き出した意見だ。意見というより好みといった方が正確だろう。

とくに大変なのは、老妻と口喧嘩でも始まろうものなら、自分の気に入らなかったことはいつまでも記憶にあるらしく、日増しに脚色と増殖を伴い、昨日のことのようにしゃべり出すと止まらなくなる。それがダンナの若いころの疑わしい言動だったら尚更である。

こうなったら老人は口ではかなわないから黙るしかない。しかし、黙ってばかりいると、どうも話の内容を認めたことになるらしく、それが次の機会で、更に脚色される。

ともかく老人にとって老後は世の中からも、周りからも阻害され、最後の砦である女房からも振り回される状態が頻繁に起こるようになる。

これを回避するには、できるだけ顔を合わす時間を少なくすることだ。

そして女房の貯めたエネルギーを外へ発散させるように仕向ける。デパート巡りでも友達との会合や趣味の集まりでも旅行でも何でもいい、どんどん出てもらうのだ。

それ以外に老人の安らぐ時間がなくなることだけは確かである。逃げの一手である。

これればかりは、バカげた老人の独り言として、気楽には済まされないが、所詮、自分が歳を取ってみて、物知りが語るような美しい老後なんていうものはどこにもないことを知るのだ。

老人の世界は明日の希望も夢もあるわけではない。せめて一日一日を今日も生きたという事実だけを確認して寝床につくだけとなる。

気にすることもない。

三章

世の中の〝気にしない、気にしない〟

●この国の将来はどんな国

日本の国を支えている政治や経済、それに国民の意識などには「気にしたくない」と思えることが山ほどある。どのみち、老人はまもなくあの世とやらへ行く身だから、気にしても仕方がないが、ちょっと独り言だけは呟きたい。

まず政治の世界だ。

人は見かけで九〇%で決まる、という説があるらしい。

子供の頃から「人を見かけで判断してはならない」と教育されてきたが、近ごろは長く生きてきたせいか、いろいろな人との出会い、その中でこの人はどんな性格か、上に立てる人か、そうでないか、善人か悪人かといったくらいの見分けは、会った瞬間におおよそ見当がつくようになってきている。

そういう意味では人が九〇%見かけで判断できるというのは、根本的に間違ってはいない。また、仕事（職業）は人を造るということもある。長く携わっている仕事は、その仕事のもたらす環境によって、その人の話し方、表情やしぐさなどから、ある程度物の考え方まで形作ってしまうところがあるものだ。

こうした岡目八目の視点で政治家を見ると、今の政治家は与党、野党を問わず〝人相〟が悪い、それに〝品〟がない。卑の雰囲気が漂っているように思うのは老人だけだろうか。見かけだけでいうと、どれもこれも人々の上に立ち、リーダーシップを期待できそうな気概のある、信頼のおけそうな良い顔をした者は一人もいないように思えてくる。

政治家の悪口をいうつもりはないが、どうも、最近のテレビで見る政治家は貧相で、シャキッと背筋が通っていない。とくに何でも反対という野党議員の中には、ひいき目で見ても、その発言と行動が政治で飯を食っている政治屋そのものに見える。

良い顔というのは俗にいう美男子のことではない。少々顔の造りが悪くてもいい。信頼感、説得力、度胸、それに将来へのビジョンを持って、この人ならわれわれの期待に応えてくれそうだ、という安心感が身体全体からオーラとなってにじみ出ているような人のことをいうのである。別のいい方をすれば器にはまっているか、その地位にふさわしい人物か、どうかといってもいい。

「そんな人がこの世の中にいるもんか」といわれればそれまでだが、国民にとっては出てきてもらわなければ困るのだ。この国が沈没してしまう。

どうして政治家に期待の持てそうな〝人相〟の人がいないのか、その原因の一つが政治家の世界が世襲制になっていることにあると思えてならない。

世襲というのは、何かの技術とか伝統といったものを、その血筋が代々継承し守っていくものである。したがって、その伝承にはなみなならぬ努力と精神力が伴う。

ところが、今の政治家ときたら代々政治家という職業を継いでいくことにおいては同じでも、守るべき伝承の中身が何もない。本人が努力してその地位を手にしたわけではないので、どれもこれもふやけた人相のオンパレードとなる。

先祖の親か親族が苦労（?）して築いた政治家という地盤を引き継いでいるだけに過ぎない。いわゆる地盤、看板、カバン（金）という先祖の作った財産の上に乗っかって楽な仕事へ就いていているだけなのだ。

たしかに、最初にこの道に入った親は志を持ち、国のため社会のために一身を投げ打つ覚悟で努力したかもしれない。だが、二代目、三代目となると、もうそんな志は希薄で、そこにある政治家としての財産を上手く活用することを仕事にしているだけだ。つまり他より条件のいい仕事として政治家になっているだけに見える。

●どんなに長くても七十歳で引退せよ

国会議員になると、一人当たり直接間接年間一億円を超える税金が当てられているという。それに秘書が三人付き、議員事務所は使えるし、役職によっては運転手付の車まであてがわれ、交通費や通信費はすべてタダ。こんないい職業はない、普通のサラリーマンでは考えられない夢のような職業である。

だから、政治家の親は子供のできが悪くても後を継がせようとする。こういう世襲議員が与党、野党を問わず国会議員の三、四割以上を占めているのではないだろうか。苦労を知らない政治家の人相が軽くてふにゃふにゃなのは肯けるというものである。

そうして大臣になったり、知事になったりすると、いつまでもその地位にしがみつく。せめて、どんなに優秀でも二期を限度とするくらいの良識はもってほしい。同じ人物が長く同じ地位に留まるといろいろな弊害が出てくるのは、同じ発想しかできないからだ。アメリカでは大統領でさえ二期までとしている。

議員はどんな場合でも、七十歳で定年という制度にすべきである。

老人になってみればわかるが、このくらいの年齢になると、いくら能力や健康に優れていても頭の感度は鈍くなる。己を知ることだ。

サラリーマンは六十歳を定年にしておいて、自ら激務と称している政治家業の自分たちだけは制限なし、というのは思い上がりである。どんなに優秀と自ら思っていても、正常に判断できる内に後進に道を譲るべきと思う。

もっとも、こうした代々の政治家業にしがみつく人物も、有権者が選んでいるわけだから、如何に選挙民がだらしないか、を証明していることだけは確かである。

〝政治は国民の政治意識以上のレベルにはならない〟とはよくいったものである。

政治家だけに留まらず一般に世襲の職業を考えてみるといい。医者、芸能人など大体陳腐なところが多い。皆、親の七光りで楽に生きている。だから中身がない。まぁ、こんなのはこちらに選択権があるからそれほど実害はないが……。

ともかく、親が努力して偉いからといって、その子まで偉いということにはならない。いや、親が財（お金、地位）を成すと、二代目はその上にアグラをかいて努力を忘れ、三代目は堕落して全てを使い果たす、というのは歴史が示している通りである。

●政治家よ、国のために命を投げ出すくらいの気概を持て

こんなことで、この国は大丈夫だろうか。

頼みもしないのに国民の赤子から老人まで一人当たり一千万円近い膨大な借金を作り、自分たちは利権ばかり漁って政治を取り計らい、近隣諸国からはバカにされ、自分の手で自分の国も守れないことに何の疑問も持っていない議員もいる。

選挙の時だけはペコペコし、当選してしまえば威張りくさって人を見下す。その上、権力をカサに悪いことも平気で行い、何の反省もない。

政治家よ、国のために命を投げ出すくらいの気概を持ってくれ、と老人は叫びたい。むなしい叫びだけど……。

ついでに産業界の社長、会長といったリーダーについてもいいたい。

この世界もまとめて小粒となった。自らの私財を投げうっても国のため、国民のためといった豪傑はまずいない。

自らの利益と地位のみに奔走する〝サラリーマン守銭奴〟ばかりが大手を振っている。業績が不振になれば真っ先にリストラといって当然の権利のように社員の首を切る。業績が悪くなったのは自らの経営のやり方が悪かったとは決していわない。

こうした時、まずやることは自らの失敗をはっきり認めて、その責任をとり、自分と役員の報酬をゼロにする。場合によっては役員から首を切り、次に管理職を減俸にする、そうして社員の納得の上でリストラに手をつけるのが順序である。後始末がついたら自らも潔く退職金を放棄して辞職することだ。自らの失敗で大勢の首を切るのだから、間違っても退職金を受け取ってはならない。当然のことだ。

それがまるで逆になっている。

●憲法とは何だ

アホらしい話をもう一つ。

それは憲法という〝亡霊〟だ。

亡霊とは死んだ人の魂、人知の及ばないものという意味である。だから無知な者は恐れる。

憲法という法律は本当に不変なものか。とんでもない。これも人の作ったものである。ただ、国の基本を定めた法律だから、しょっちゅう変えてはならないというだけだ。

しかし、世の中はどんどん変わっていく。それに追いつかない内容になったら変えなければならない。どこの国でもそうである。

この国では戦後七十年以上経っても変えてはならない、という人たちがいる。それも進歩を旨とする政党や知識人と呼ばれる人たちである。

本来、現状の矛盾に対して、よりよいものに改革していくのがそういう党の役割であると思うが、この国では進歩を旨とする野党が現状を守り、古いものを守る保守党が進歩を叫んでいる。

最大の問題は第九条の戦争放棄の扱いだろう。

この条文は老人にはよくわからない。戦争をしないというのは大賛成だが、例えば個人でも、いざという時、自分の身を守るという権利は憲法で書かれているからあるのではなく、憲法を超えた本質的な人の基本権、生存権みたいな固有のものと考えてはいけないのだろうか。

そう考えると国も同様で自衛権とは（個別的自衛権、集団的自衛権とも）憲法で保障されるのではなく、どんな国でも憲法以前から備わっている固有のものと解釈されなくてはならない。

そんなところから、これまで保留してきた集団的自衛権の解釈を国連でも認めている正常な解釈にしたところ、あちこちから反対、反対と叫ぶおかしな人達が出てきた。自分の国を自分で守ってはいけない、といわんばかりである。

いまのところ、日米安全保障条約によってアメリカに守っていただいているが、それをお互い同等の立場で相互に協力してやっていこうというのが今回の解釈変更なのだと考える。

お互いに助け合ってこそ相互条約である。国内的にも国際的にも何の不合理もない。

元々、自衛権は、どんな国にも固有に存在しているものであり、わざわざこの国にはありません、というのは間違っている。もし、自衛権を放棄すると憲法に規定すれば、そのことそのものが憲法違反といってもいいくらいである。まあ、敗戦時、アメリカの占領政策の一環として日本弱体化をもくろんだものの所以であろう。

●自分の国ぐらい自分で守れなくてどうする

まあ、複雑な経緯はあるのだが、おおよそそんなことである。

中学生の議論のようなことを、国会議員の先生方は半世紀以上ものらりくらりやっている。

敗戦当時ならともかく、この国は今や世界第三位の経済大国である。自分の国くらい自分で守れなくてどうする。独立国の第一要件だろう。

こんな極楽トンボを決め込んでいるから、隣の変わった国にもバカにされ、国民が連れ去られたり、勝手ないちゃもんを付けられても手も口も出せないのだ。

戦争反対、反対とバカの一つ覚えで叫んでいるアホ議員とその一派を早く駆逐しよう。こいつらは卑怯者か国賊に違いない。

彼らのいい分を聞いていると「憲法に戦争放棄を規定しているから戦後六十年もの長い間、平和が保てたのだ」という。

もしそうだとするなら同じように憲法に「この国では犯罪はいっさい禁止します」と規定すればいい。そうしたら殺人も強盗も窃盗も全てなくなるに相違ない。

そんなことを真剣に叫んでいる国会議員には、お前の頭の中はどうなっているのだ、と思ってしまう。

憲法が規定する国防とか教育といった問題は、日本国と日本国民のあり方を示すもので、主義、主張や与党、野党の損得の問題ではないだろう。

歳を取ると気が短くなるが、老人は憲法を改正して戦争をしようといっているのではない。自分の身は自分で守るのと同じことだといいたいのだ。

それも事が起こってからでは間に合わない。そんな環境にあるのが現在の国際情勢だとすればなおさらのことである。

自衛といえばいいアイデアがある。

今、主要国のミサイル技術はすさまじく発達しているらしい。とくにアメリカのＭＤ（ミサイル・ディフェンス）という先端技術は、十キロ先の蚊の目玉を打ち抜くことが出来るというほど精度は正確らしい。老人には蚊の目玉がどこに付いているかすらわからないが、とてつもない技術である。

そこで、この国ではミサイルをコントロールしている衛星からの電波をハイジャックする技術を開発するのだ。そしてこのハイジャックした電波をミサイルを打ち上げた場所へブーメランのように返してやるのだ。つまり、こうしたミサイルは宇宙の衛星から電波で目的地に誘導されるわけだから、その電波をハイジャックすればいいわけで、この国の優秀な技術者ならできそうなものである。

この技術が開発出来れば、大陸間弾道弾（ＩＣＢＭ）や中距離ミサイルなどは無用の長物になる。打てば自分の所へ返ってくるわけだから、所有している国はどこも使えない。これは大発明だ。専守防衛のこの国にとって最も有効な手段になる。これこそこの国の最先端技術陣がやるべき天の命題だろう。

夢のような話ではあるが、歴史はこうした夢を実現してきた。そうして世界をアッといわせてやりたいものだ。

●近隣諸国の勝手ないい分

この国には憲法を始め種々の問題があるが、近隣諸国にも穏やかでない国がある。自国内では民主主義も言論の自由も認めないくせに、他国に対しては自国だけに都合のよい歴史観とやらをでっち上げ、事あるごとにいちゃもんを付けてくる。

老人は特定のイデオロギーに染まっているわけではないし、どこかの利益や立場を代弁する者でもない。ごく普通の年老いた一市民である。

それでも今の中国や韓国のこの国に対する歴史認識とやらは、どうも納得がいかない。

歴史というものが、時の政治情勢や環境によって美化されたり自国の都合のいいように改ざんされるのは、まさにそれが示している通りだ。ただ、自国の都合のいいように改ざんし、それを国民教育に利用し政治体制擁護の手段にしようとするのは許されない。ましてや、他国に対しても同じ論拠で都合のいい内政干渉をするのは問題外で、実に卑怯なやり方である。

慰安婦問題や靖国参拝問題がその例だ。

確かにこうした問題には、それなりのいい分に近い原因はあったのだろうが、時間の経過もあって今となっては確証はなく、曖昧な伝聞しか存在していない。

それにこの国の指導者は時に応じて謝りもし、償いもしてきたではないか。

それを事あるごとに持ち出して、屈服させ何かを得ようとする魂胆は醜いというより相手にもしたくない気分にさせる。

どこの国でも歴史をたどれば、多くの過ちを犯している。だから仕方がなかったというつもりはないが、いちいち内政干渉してくるこうした国にも過去をたどればベトナム干渉やチベット侵略など、新しいところでもいくつも問題はある。

●謝ってばかりいると、甘く見られるばかり

歴史はどこかで断ち切らないと、未来はない。

かつて、日中国交回復を成し遂げた当時の田中角栄首相は、北京に乗り込んで、当時の周恩来首相から「日本はいわれのない侵略によってわが国に多くの犠牲をもたらした」と詰め寄られ「最初に侵略したのは貴国である。それは元寇の役だった」と切り返し、双方打ち解けるきっかけとなったことがある。

外交交渉では相手の出方によって、このくらいのことはいわないとバランスが取れないだろう。田中角栄の眼力の鋭いところだ。

謝ってばかりいると、甘く見られるばかりで、もういい加減にしてほしいと思う。

靖国問題も同様である。国民がどこに参拝しようが他国から干渉されるいわれはない。それは総理大臣であろうと、一国民であろうと同じことである。

この国では人は死んでしまえば〝仏〟になる。仏になれば現世の善行も悪行も全て消え、一段上の浄土で暮らすという。だから仏なのである。

ましてや靖国にはこの国を守るため一身を投げうった人を祀っている。それを礼拝するのに何が悪い。現在があるのはこうした人たちがあったからこそなのだ。

今の自分があるのは、自分の先祖があったから存在しているのと同様であろう。

もっとも文句を付ける国は、この世に悪行があった者は、死後墓を掘り返してでも追及しなければ気がすまない民族性というから、元々文化が違うのだろう。それにしても、そんなことは自国でやればいい。

とくにこうした問題で困るのは、相手のいい分に同調して悪びれもせず騒ぎ立てる国内のマスコミの対応である。

どうして、こうまで自虐的なのか、自国のことをどこまでおとしめれば気が済むのか、それが正義とでも考えているのか、自尊心はないのか、情けない限りである。

肝心なことには目をつぶって、報道の自由に名を借りて、相手の喜びそうなどうでもいいことばかりを誇大に報道している。

国益というものは、イデオロギーや一党一派の勝手な主張によって左右されてはならない。それはマスコミも例外ではない。

自由主義というものは矛盾だらけだ。何でも自分の主張ができる代わりに、反対意見も認めなければならない。

かといって自由を認めなければどうなるか。それは独裁、専制の世の中になってしまう。ややこしいことである。

こうした矛盾をなくすような、次のいい方法はないものだろうか。人類も進化してきたのだから、ぼつぼつ自由主義、民主主義を超越した新しい哲学を生み出しても良さそうだが、老人の目の黒いうちには出てきそうもない。

気にしない、気にしない。

もう一つ。

あてこすりではないが、尖閣諸島問題だ。歴史上にも記録が残されているのに、どうしてあの国は毎日公船とかいう船でけん制してくるのだろう。以前、東京都があの中心の島に簡単な船着場を作るということで、寄付を集めた。十億円以上集まったと記憶している。ところがその後、何の音沙汰もない。集めたお金の行方もさることながら、あれはどうなったのだろうか。

老人は考える。予定通り早く船着場を作るべきだ。そしてこの島に、今困っている福島の原発事故から出た汚染物質を保管するのである。どの道、人は住まないのだから、沿岸いっぱいの高いコンクリート製の囲いを設け、そこに汚染物を保管すれば好都合である。

こうしておけば漁業権には問題はないし、どこの国も近寄ってはこないだろうから、一石二鳥である。少なくとも相当量の保管は可能なはずである。

●人間の傲慢さは地球までも終わりにしてしまうのか

老人が気にしてもどうにもならない問題が、地球の環境破壊による温暖化だ。これはちょっと規模がでかい。

環境問題は、老い先短い老人にとっては毎日の生活に何の不便もないように思えるが、そうでもないらしい。このところの寒暖の激しい気候もそのせいというから、いよいよ人間の傲慢さは地球までも終わりにしてしまうのかもしれない。

最大の原因は、石油や石炭など化石燃料の使用による無秩序なCO_2排出という大気汚染らしい。

文明はエネルギーの使用量に比例して発展してきた。あらゆる技術はより簡便で、より効率のよいエネルギーを支えとして発展してきたといっても言い過ぎではない。

これに黄色信号が点滅し始め、間もなく赤信号になる、というのだ。すでに地球環境の悪化はあらゆるところでその兆候が見られ、このままで推移すると間違いなく人類はこの地球には住めなくなるらしい。

今世紀末には北極圏の氷が全て溶けてなくなるという指摘もあるし、大気圏のオゾン層の破壊は、もう修復できないところまで来ているという専門家もいる。北極や南極の氷が溶けだすと、世界の海面水位は間違いなく上昇し、水没する陸地が急激に拡大するという。また、オゾン層の破壊は紫外線の増大をもたらし、これを受ける人類が皮膚ガンなどの疾患に侵され、生存すら脅かされるといったことにとどまらない。地球上のあらゆる動植物の生態系は間違いなく破壊され、地球は死の星になる。

これまでこの地球にとって太陽は恵みの根源だった。

常に変わることなく、あまねくその恵みをもたらし、不変な存在の象徴だった。

そこから宗教が生まれ、哲学が育ち、技術が進歩し、万物の指針となってきたものである。

しかし、この恵みが逆転して災いの根源になるかもしれない。

とんでもない一大事である。

●あと百年持たないかも

人類の知恵というのは、目先のことには反応しても、何十年、何百年といった長い時間の中では全くの無力でしかないのだろうか。

それに地球上には百数十カ国の独立国があり、こうした問題には極めて消極的な途上国もある。

現実の生存が至上命題で、エネルギーの消費は自国の産業と国民の生活にとってセーブできる範疇にないようだ。

また、一国で何ができる、といった受け取り方もある。まさに国のエゴだ。将来の地球規模の問題まで頭が回らない。

先進国の間では真剣に取り組もうとする動きも出てはいる。ところがアメリカは自国の産業に与える影響を考慮してか、やや腰が引けているし、発展途上国はこぞって反対だから始末が悪い。

中でも大気汚染、水質土壌汚染など垂れ流している中国は「先進国はこれまで勝手に消費しておきながら、これから発展しようとする国に使うなというのは虫が良すぎる」と意に介さない。それればかりではない、CO_2削減に数値目標を示すなら先進国がこれまで消費した数値を出せ、という。

一理はあるが、それでは問題の解決にはならない。

それにこの問題はエネルギーだけに留まらない。現在東京都と同じ面積の森林が、毎日この地球から消えているという。酸素を出す森林が消え、砂漠化しているのが今の地球の姿なのだという。

この国にとっては、春先に黄砂をもたらす偏西風が常に上空を通過しており、これからどれくらい中国の排出する越境大気汚染物質に曝されるのか、といった危惧もある。しかし、そんなことよりも更に大きな地球規模の問題であることだけは確かである。

ともかく地球という惑星の一大事と考えなければならない。

老人にはピンとこないが、悲観的な学者の見通しでは、今後百年も経てば人類が住めなくなるくらいの状態になるのではないかと指摘する人もいる。

たったの百年である。戦争だの憲法だの小さなことにこだわっている暇はないのかもしれない。

まあ、この国の出生率がこのまま推移すれば今世紀末くらいで固有の日本人種は絶滅して、一人もいなくなるというから、どちらが早いか見届けることはできないが、そぞろ寒い。

どちらにしても終わりが近いことだけは確かなようで、気にしない精神でしばらくお世話になるしか手がない。

環境問題では、もう一つ生態系の破壊があるらしい。

植物や動物、魚介類といった外来種を興味本位でこの国へ持ち込み、手に負えなくなると躊躇なく放置する輩がいることだ。

恐ろしいことに、こうして持ち込まれた外来種は、動物、植物、昆虫類など、この国の在来種よりはるかに生命力が強く、この国に古来からある固有の種を絶滅させてしまうのである。すでに数百種類もやられているらしい。いったん絶滅してしまえば二度と再生しない。

こんなのを持ち込む輩は厳罰にしてほしい。どんな理由があるにしろ、自分の金儲けか利益のために持ち込むわけだから、この国にある〝種〟を絶滅させてしまった責任は重大である。これを放置していては後世に示しがつかないだろう。

世の中が便利になれば、こうしたことも簡単に起きてしまう。

いやだ、いやだ。気にしないでおこう。

●日本人の美徳は消えた

歳をとってくると先がないから、過去のことに囚われやすい。懐古趣味である。老人も例外ではない。

だが、どうしてもいっておかなければならないこともある。

この国では、戦前までは人の心も自然の風景も美しかった。

テレビも洗濯機もなく、車もなかった。それでも人々はそれぞれの持ち場を守りよく働いた。

情報は人から人への口コミだけで不自由はなく、他人を貶めたり悪口を伝播するような話題はなく、お互い助け合うのが当たり前だった。泥棒や人殺しなどあろうはずもなく、家々ではカギも掛けない生活に何の疑問もなかった。

母親は朝早くから家族のためにかまどに火を起こし食事の支度、家の掃除、そして衣類の洗濯にと明るく精を出し、不平など口にすることもなかった。

子供は数キロも離れた学校まで毎日歩いて通い、先生は正しく威厳があった。

野山も自然そのままで空気は澄み、四季折々の風情を見せてくれていた。

老人の育った田舎の風情はこんな穏やかなものだったのである。


ところが、無謀な戦争を始め、敗戦。これによって様相は一変してしまったように思う。

以来七十年、この国の姿はどうなったか。

犯罪は多発し、人を人として信じてはならない様相を呈している。

情報はマスメディアという魔物にすべて掌握され、新聞、テレビでおびただしい量が飛び交う。もちろんそれがすべて正しいわけではなく、捏造されたものや修正されたものなど、送り手の都合のいいものだけが届く。

子供には「他人には挨拶するものですよ」といった教えから「知らない人に声をかけら

れたら、逃げるのよ」と、大人を信じてはならないことを教えるものになってしまった。

家では洗濯機から炊飯器、掃除機と主婦は格段の便利さを享受しながら、まともに家事には手を染めず、育児は放任かそうでなければ過干渉という極端な対応しかできない。そして何か不都合が起これば、それはすべて他人のせい、「子育て環境が悪い、政府が無策だ」と声高に叫ぶ。

学校はといえば先生は自ら権威を放棄し、民主的と称して教壇も廃止し、生徒と同列に対峙し、トレパンで授業をする。そして学校崩壊。

こんなことを一つ一つ数え上げたら際限がない。

その上に政治家や役人、企業人などの大部分が自分の〝得〟だけを求めて、右往左往しているのだ。どうにもならん。

●良い国にするには、良い人を作る以外にない

早くこの国を昔のような穏やかで、人が信じられる姿に立て直さなければ国そのものが崩壊してしまう。

それには忙しい若者に呼びかけても自らのこととして受け止めないだろうから、まず幾らでも時間のある老人が、この現状を十分認識し、日本人としての誇りを持って身近なことから改革に取り組む、というのはどうだろう。

それには意識して行動しないと、考えているだけでは何にもならない。

それがこの国で、これまで生かしてもらった一人の日本人として最後にできる、生涯一度の恩返しとなるかも知れない。


そこでもっとも大切なのは家庭教育だ。

良い国にするには、良い人を作る以外にない。

この国では教育基本法とかいう法律を改正して、礼儀正しく、人には親切に、困った時は助け合い、ウソはつかない、といったような、何だかわかりきった人として当然なことを改めて盛り込み、これからの教育の指針にするという。

何だそれは……といいたくなる。

その前にこうした法律を作る国会の先生方から、まずお手本を示してもらわなくては主客転倒だ。

自分たちは悪いことをし放題でいながら、子供には勝手なことを教育という手法で押し付けようとする。それは本末転倒というものだ。

まぁいい。好きなようにしてもらおう。

老人は、こんな世の中を良くするには、偉い議員さんや学校の先生、ご都合主義の関係者などに期待はできないと諦めている。

人間教育に主眼を置くなら、どうしても家庭教育を見直さなければならない。生まれた時から人の性格、気質を育てる家庭にこそ、そのカギがあることを忘れてはならない。

知識や学力を高めようというのなら制度に期待するのもいい。だが、人間性を求めるのであれば、それはすべて親のあり方にかかわってくる。子供は親のいうとおりにはならない、親のするようになる。

親が自ら子供に恥ずかしくない言葉、行動を示すことだ。人は学校教育で育つのではない。学校は知識を積み重ねるところで、人格、人間性といった人としての根源的な素養は幼児期からの家庭教育によって育つのである。

●人づくりに取り組むのなら学校給食は即刻中止

「三つ子の魂、百まで」である。三歳くらいまでに身についた気質は生涯変わることはない、昔の人はちゃんと見抜いていた。これが真実だ。

ところが、今の親とくに母親は子育てに対する自覚も役割も持ち合わせていないように思えてしかたがない。「保育園落ちた、日本死ね」とブログに投稿した母親が出て大騒ぎ。自分の欲望のほうが先で、子育ての大切さなど微塵も感じていないのだろうか。子育てより外での自由な仕事の方が大切と、保育園を作れ、保育園を作れとばかり声高に叫んでいる。その待機児童が六万人以上いるといって政治家も右往左往。これに付け込んで新聞もTVも政治の無策とはやし立てているだけだ。なかでもTVの解説者はおしなべて政治、行政をやり玉に挙げている。

老人の知る限りだれも子育てとはどういうことなのか、それが人間教育、人づくりの上でどういう役割を担っているのか、を解説するものは皆無である。

仕方がないので敢えて解明することにする。

人間以外の動物を見れば簡単にわかることだが、メス（母親）は授乳行為によってあらゆるＤＮＡをその子に伝えているのだという。この大切な時期を「臨界期」といっている。例えば虎が虎になる。ライオンがライオンになる大切な期間のことである。

この時期、育て方に人が介在するとその動物には本来の野生が育たず、自ら餌がとれなくなったり、成長して交尾すら出来なくなるという例は動物園ではよくあると言われている。

人の場合、臨界期は三歳くらいまでがその時期にあたる。その時期は生んだ母親以外に他の者は手の出しようが無い。太古の昔から不変の崇高な行為といってもいいだろう。

それに反し、今や人間社会では子供を生んだ母親が、自分の側から子供を放し、保育園に預けることに躍起になっている。もちろん事情によって預けなければならないような場合もあるだろうが、大方の人はそうではないはず。昔から子育てとは、生活が少し苦しくても母親は身を挺して取り組んだものだ。

老人は女性の社会進出を否定しているのではない。子供が生まれたら三歳くらいまでは母親の元で愛情いっぱいに育てることこそ健全な子に育つことを忘れてはならないといいたいのだ。

その時期に子供は人としての基本的な資質、つまり心が育っていく。優しさ、好奇心、集中力、根気、といった人間としての基本的な資質、また成長してからの頭脳の良し悪しなどもこの時期に関係なしとはいえない面もある、と最近の大脳生理学では科学的に指摘しているのだ。

まず、人間も三歳くらいまでは母親が愛情たっぷりに自身の手で育てることだ。この時期、保育園などに預けてしまえば親子の絆は円満には育たないことを忘れてはならない。そして幼稚園くらいになると子供は自立を始めるので、いつも目の届くところで手を出さずに見守ることである。その頃から他の仕事を始めても決して遅くはない。

動物園のサル山のサルですら、ボスザルになる子の母親はこうして育てるという。ダメな母親からは決してボスザルは育たないといわれている。

欧米ではこのことに気づき、職業についている知識のある女性は乳幼児期だけでも長期休職して子育てに専念し始めているという。

さらに付け加えると、学校に就学すると、弁当は必ず母親の手作りのものを持たせることだ。

この弁当は、何でもないようだが親の愛情、家庭の経済力、他との区別など多くの教育的役割が秘められている。

母親が朝早く起きて作ってくれた弁当は、仮に粗末なものでも子供にとっては本当の思いやりを覚え、自分の立場を学んでいるのだ。

こうした何でもない日常の親子のつながりが子供の成長には欠かせないばかりか、大切な絆となって円満な人格形成につながっていくのである。

それが今ではすべてみんな同じ給食の餌付けである。とんでもないことである。

国は良い人間を育てようとするなら、即座に学校給食を廃止することだ。

給食は母親がその役割を放棄し、この時期子供が求めている絆をすべて断ち切る役割しかない。こうして育った子供は本当の愛情を知らず、人と人との心の通いもわからず人の痛みも他との違いも分別できず、自制の効かない自分本位の人間に育っていくのだ。そんな子が凄惨な犯罪を引き起こしたりもする。

小中学校生徒の半数以上が家族の団欒を知らず、四割は朝食すら一人でとるという。

子供の犯罪が増加しているのは、子供が悪いのではない、みんな親がそうさせているとしかいいようがないのだ。

ともかく学校給食は戦後の食料事情が悪い時代の遺物だ。飽食の今、人づくりに取り組むなら即刻廃止。そうして親も子も家庭を取り戻し、立派な日本人を育てよう。

給食を廃止すれば給食費不払いのバカ親にも薬になるし、国は数兆円の節約になる。

せめて、母親はこのくらいのことは理解して子供を育ててほしいものだ。

もっともそれがわかっていれば、もっとましな世の中になっているはずである。制度や法律が不要というわけではないが、もっと基本的なところをしっかり押さえて、教育を考えていかねばならない。

そして、今から始めてもその効果が出るのは二十年後だ。教育というのはそんなロングレンジで対応するものだ。

もっとも、家庭教育を取り戻すにも、今の母親がダメ親とすれば、救いはなさそうである。日本人の美徳は過去の遺物として消えてしまうしかない。

●拝金万能と〝志〟

今、この国は「美しい国」を目指しているという。

美しい国とは、どんな国なのかよくわからん。少女小説に出てくる現実離れした夢のような世界なのだろうか。どうもこの言葉は老人に語りかけられてもピンとこない。政治家というのは余程少女趣味か、ロマンチストなのだろうか。

だが、現実は大違いのように思ええる。

政治家は税金から三百億円以上も助成金を取りながら、女房や子供名義でそれをポッケに入れる。中には、ただの議員会館を使いながら事務所費と称して水道代を何千万円も計上し平気な顔をしている。これらはみんな国民の税金である。

それに毎月支給される数百万円のお金は給料といってはばからない。

冗談ではない。これは〝歳費〟というのだ。法律では歳費は給料ではない。つまりサラリーマンの給料と同じ生活費ではない、政治活動費なのである。だから昔は政治家を志すと「井戸塀」になるといった。最後は井戸と塀しか残らない、という意味である。

こんなのを詮索すると限りがない。

役人は役人で、自分たちのタクシー代や飲み食いのため、ありもしない出張や残業代をちょろまかし、それでも足らなければ権限とかいう影響力を使って業界から巻き上げたり、付けを回す。

公社公団は、こうした役人の隠れ蓑か、天下り先といわれても仕方がない状態である。産業界も褒められたものではない。

いつまで経っても止まない懲りない談合、事故隠しや報告書の捏造、不祥事ばかりが横行し、毎日のようにテレビの前で頭を下げている経営者、こんなのばかりを見せられて子供に何と説明すればいいのだろう。

これらは結局のところ〝お金〟に起因するものばかりである。

以前に「お金で解決できないものはない」と豪語していた〝時代の寵児〟があえなく逮捕されたが、三十歳そこそこの若造に世の中は舐められっぱなしだった。

こんな軽薄な若手経営者？　やサラリーマン上がりの保身第一の経営者達には絶望する

しかない。

戦後の何もない欠乏時代を生きてきた老人などには、豊かになった反面、こんなお金儲けだけに汲々としている姿は見るに耐えないのである。

●「志」こそ自らの指針

企業家は〝志〟がなくてはならない。

例を示そう。

戦後の日本を代表する企業といってもいい松下電器、本田技研工業、ソニーだ。

松下電器の創業者松下幸之助は、人々が少しでも豊かになることを念頭にいろいろな製品作りに心血を注がれた。

松下さんが偉いのはそれだけではない。常に日本の将来を思い、世の中を良くするには結局、政治であることに気づき「松下政経塾」を創り、政治家の人材を育てることに後半生を費やされたことだ。

現在この政経塾出身の議員は国、地方を合わせて数百人に達していよう。彼らが松下さんの遺志を忘れなければ、これからの働きに期待できるに違いない。ただ今見る限り、おしなべて体制批判勢力へ傾いているのが気に掛かる。もっと本道を見誤らないようにしてほしい。幸之助氏もそれをあの世で望んでおられるはずである。

本田宗一郎はホンダの創業者だ。

浜松で鍛冶屋を営んでいた本田さんは、町まで買い物に行く奥さんの労を少しでも軽くしようと、小型のエンジンを自転車に付けてバイクの原型のような代物を作られたのが最初である。

これが世界を制覇する〝ホンダ〟に成長したのである。現在の姿になるまでには苦難の連続だった。四輪乗用車への進出では、当時の通産省に「二輪車で少しばかり成功したからといって思い上がるな、素人にできることではない」と、反対され、相手にされなかったのである。

この時の本田さんの反論がいい。「どんなことでも最初はみんな素人だ」。

しかし、反骨精神の旺盛な本田さんは役所や大手メーカーの狭間で苦労を重ねながら、アメリカの厳しい排出ガス規制をいち早くクリアするエンジンを開発したり、自らの信念に向かって現在の本田技研を築かれたのである。

そんな本田さんに儲けのことなど眼中になかった。

本業の傍ら健全な青少年を育てるため、早くからボーイスカウト運動に物心両面から取り組まれていたことは、知る人ぞ知る一面である。やはり本田さんも、人づくりがこの国にとって欠かせないものであることを痛感されていたのである。

最後の夢は空を飛ぶことだった。今その試作機がアメリカでテストフライト中という。まさに技術にかけたロマンである。

ソニーの井深大も技術力で世界のソニーを築いた人だ。

世界初のエレクトロニクス製品を数多く生み出し、この国の優れた技術力で世の中に貢献しようとした人である。

とくに後半生はどの分野においても、最終的には〝人〟が全ての根源である、という考えを主張し、人づくりを目指した「幼児教育」に専念された。

人の頭の良し悪し、性格、能力といった素質は幼児期のあり方に起因する、というアッピールは世界の教育界に大きな一石を投じた。

惜しくも氏の没後、ソニーはその志を継ぐ人材を育てていないのは残念なことである。肝心なお膝元に氏の真意を理解できる人がいなかった。

少年のような夢を持ち続けて、人づくりに後半生を捧げられた井深さんも、やはりその志こそ自らの生きる指針だったと思える。

これら戦後日本を導いた三人は、当時食うや食わずの時代だったにもかかわらず、金儲けどころか、人々のため、社会のため、日本のため、を常に経営の中心に据えて懸命に戦った人たちだった。

パソコンの数値より、人としての感性や心を重視して経営に携わったように思う。

お金さえ儲かればどんな手段を使ってもいい、お金で解決できないものはない、と豪語している今の一部若手経営者は、爪の垢でも煎じて飲んだらどうだ。

●役人とは何だ、企業とは何だ

その昔から「役人天国」という言葉がある。今のこの国を老人の目から見ていると、まさに〝小役人のやりたい放題〟に映る。

とくに酷いのは厚生労働省とその一派の社会保険庁（当時。現日本年金機構）だ。

なにしろ〝百年は安心の年金制度〟と自賛していた社会保険庁だったが、保管されているはずの、われわれの年金資料がずさんな処理で六千万人分以上、宙に浮いていて誰のものかわからない、というのだから一体何をしている役所なのだろうか。空いた口が塞がらない。

年金は元々自分の老後のために国を信用して積み立てたものである。これでは〝国の振り込め詐欺〟といわれても仕方がない。社会保険庁は本来の仕事である年金事務をまともにしていなかったということだ。

その上、疑問がある者は支払った領収書などの証明資料を持って来れば再検討すると開き直りである。

何を考えているのか。三十年、四十年前のそんな資料があるわけがない。

こんなことをしていても社会保険庁の公務員には何のお咎めなし、とは全員首にしても飽き足らない。

せめて、彼らには向こう十年間くらい給料の三割カット、ボーナス全額返上（退職者にも遡及）くらいの懲罰があっていいのではないか。

年金制度は、税金で支援はしているが、その根幹は勤労者一人ひとりがサラリーの中から積み立てたものである。役人のものではないのだ。

それに気に食わないのは、このデータ放置は民間側の国民年金、厚生年金だけで、自分たちの公務員共済年金はちゃんとしているというから、よけいに腹が立つ。

それだけではない。長い間、せっせと積み立てた年金を運用と称して勝手に使い放題。頼みもしないのに働く者の慰安とレジャーのためとかいって、グリーンピアとかいう施設などにその資金約四千億円近くも使い、全国一三箇所も保養施設を作って全て経営不振で倒産させている。

民間の業者さえ手を出さないような辺ぴな立地条件の悪いところだから、当然の結末ではあるが、その責任はだれも取らない。

こうした行為を取り締まる法律も罰則もない、というのだからお粗末な法治国家である。

そればかりか、民間のホテル顔負けのプールやテニスコート付きの数十億円もかけた立派なリゾート施設を、維持できないからといって簡単に数千円か数万円で処分してしまう、何というバカげた話だろうか。

第一そんな施設があるなら、老人なんかはお金がなくて時間はいくらでもあるのだから、大いに利用したいものだが、まったくといっていいほどPRもしないのだから一般の人が来るはずもない。何のことはない自分たち関係者だけが使うものらしいから、一般には知らせたくなかったのだ。

さらによく吟味すると、運営には同じく年金会計から補助金を出して格安の料金を設定、仲間内だけでうまく使って、ゆくゆくは自分たちの天下り先にする魂胆だったというから開いた口がふさがらない。

年金制度は将来が非常に心配というのに、小役人には何の問題意識もない。もちろんそれを指示する大役人も同じである。


それどころか年金不安で若者が積み立てを避けるようになった昨今、その帳尻を合わすため偽装までして徴収率アップの数字を出して世間を欺いてきているという。社会保険庁というところはどうなっていたのだろうか。

そんなことが発覚して、同庁は名称を変えて国民を目くらましして いる。いくら形だけ看板を変えても、中身は同じ役人だから何も変わりはすまい。ムダ使いの金はもう返ってはこない。

こんな役人の〝したい放題〟は他の省庁も似たり寄ったりである。

残業はしなくても予算があるから山分け、架空出張、出張旅費は水増し。

省庁の発注事業は公開入札が原則なのに、関係会社に九〇％以上は特注、これも「面倒見たよ」という実績を作っておいて、後で天下り先にしていくためという。

●どこまで国民を欺くつもりか

天下りといえば、国家公務員には、今度天下りを公認する「何とか公務員人材センター」とかいうのができたらしい。事務次官という一番偉い人を一人に絞るため、それ以外の者を逐次民間に放出するシステムのようである。天下りは利権につながる悪い慣例だから止めようという時、どうしてだ。

もっとも能力のある者が事務次官になるのは当たり前だろう。それ以外の者もそれぞれの評価で定年まで勤めればいいではないか。民間では当然のこととして、そうなっている。何の支障もない。

でも、この法律は地方公務員には適用がないらしい。

どこまで国民を欺くつもりだろうか。

こんなことが、国、地方を問わず各役所で日常的に行われているというのを、われわれ老人は後世のためにもっと追求しようではないか。


今、この国は大赤字だし、将来のために「小さな政府」を目指さなければならない、と内閣が閣議決定し、人員も五年間で五％削減と決めても、予算に出てくる内容は各省庁とも一つとして実行したところはないという鉄壁の役人王国である。

もっとも五年間で五％削減というのは、何もしないというのと同じである。民間企業では自然減にも及ばない考えられない数字だ。こんなことが役人社会では堂々とまかり通っているのである。

昔、国民の多くが文盲だった時代、選ばれた役人はまつりごと（政治）をするのに「寄らしむべし、知らしむべからず」を原則とした。

「役人は学問があり偉いのだ、間違いをすることはない。バカな国民にはよけいなことは知らせず事を進めたほうがいい」というやり方だった。

この原則は今でも脈々と生きていて、われわれをバカにした税金の無駄遣いがまかり通っているのである。

だからかどうか知らないが、公務員には失業保険というものがない。

なぜか。

「役所は潰れないし、役人は悪いことはしないから、首になることもない、だから失業のための保険は不要」ということらしい。

民間のサラリーマンよ、知っているだろうか。役人は民間の平均よりはるかにいい給料をわれわれの税金から取っておきながら、不況で役所がつぶれることも、仕事ができなくても上から首をいい渡されることもないのだ。その上、役人は悪いことはしない、といわれても〝本当？〟といいたくもなるではないか。

民間では毎月サラリーから高い失業保険料が天引きされ、この不況でリストラ流行というのにだ。でも、もう老人にはなす術《すべ》がない。〝勝手にしろ〟といっておこう。

●企業倫理も創業の志もあったものではない

民間はどうだ。民間の企業がすべて正しいということは決してない。最近は隙あらば金儲けに血眼になるのが今の経営者だからだ。企業倫理も創業の志もあったものではない。

経済同友会とかいう経営者団体のお偉いさんは、中国のいう靖国問題で、時の総理に「商売ができなくなるから参拝に行くのはやめてくれ」と注文をつける。

経営者としての誇りも信念も持ち合わせていない。ペコペコひざまずいてでも商売ができればいいという、最も卑しい商人根性が丸出しで恥じるところがない。進歩的と称する一部マスコミもその尻馬に乗って騒ぐ。

日本人が日本のどこのお宮に行こうが、お寺に行こうが他所から文句をつけられるいわれはない。

どこの国でもこうした場所は大切にされている。文句をいっている国はどうか知らないが、ワシントンのアーリントン墓地なんかは一年中鎮魂の火が消えることがない、というくらいのものだ。

日本は自由な独立国である。内政干渉以外のなにものでもない、こうした発言にどうしてオタオタするのだろうか。それとも自分の商売のために日本を売る気か。それでもお前は日本国民か、と聞いてみたい。

経営者のトップがこの程度だから、今教育基本法改定で騒がれている〝愛国心〟など微塵もお持ち合わせではないのだろう。愛国心教育はコイツらと一部の政治家から始めたらどうだ。

この国の将来は暗い。老人の杞憂であればいいが。

まぁ、気にしない、気にしない！

●この国ではすべて犯罪の刑が軽すぎる

このところ幼稚園児から小中学校生徒といった子供が犯罪に巻き込まれる事件が多い。何の罪もない、いたいけな子供を対象としているだけに本当に許せない。

物知りげな三流学者がテレビで「こうした犯罪は昔はもっと多かった。統計的には減っているのだから、少し騒ぎすぎでは」というのがあった。その統計が本当かどうか知らないが「バカをいうな！」といいたい。

お前の子や孫が同じ目に会っても、同じように「いや、昔より減っているから、しかたがないでしょう」とでもコメントするのか。

こんな三流学者の発言が世の中をミスリードしている。犯罪は多い少ないでその本質を論じる問題ではない。

人間一人ひとりが、してはならないことはしてはならないのである。それが社会を健全に保つ上で最も大切なことだからである。

それでも人間は罪を犯す。しかも殺人、誘拐、放火といった犯罪が毎日のように報道される。

とくに、幼児の誘拐殺人は憎んでも憎みきれない。何の罪もない無抵抗な幼児を、己の欲望のために、いたぶり殺してしまうという犯罪は許してはならない。そこには情状酌量するものは何もない。厳罰にしなければならない。

人間は、元々罪を背負った存在なのだろうか。

その昔、大泥棒の石川五右衛門は「浜の真砂と泥棒はいつの時代にも尽きることはない」と、言ったとか。

これは泥棒だけに限らないようだ。

ともかくこの国の場合、どんな犯罪でも刑が軽い。殺人犯でも計画的に三人以上殺さないと死刑にはならないようである。

イスラムの世界では「目には目を、歯には歯を……」という教えがあるらしい。人を一人殺したら自分も命はない、というのはわかりやすくて溜飲が下がる。

この国にも他人の命を奪ったら自分の命で償わなければならない、という思想をもっと徹底する必要がありそうだ。こうした人間の掟というものを子供の時から教えれば、大人が右往左往するような子供社会の〝いじめ〟も少しはなくなるような気がするがどうだろう。

ついでにいっておくが、無期懲役といっても十五年もしない内に監獄から出所するらしい。無期というからには期限が無いわけで、生涯監獄に留置されているのかと思うととんでもないのだ。

この国では幾つかの犯罪を犯した場合、その一番重い刑で裁くというのが原則らしい。例えば、強盗に入って、金品を取り、だれかを殺して逃げた、といった場合、一番重い殺人罪で裁かれる。これが果たして合理的か。

アメリカなどでは、こうした場合、強盗罪、窃盗罪、殺人罪とそれぞれ刑期を決め合計して判決する。だから一つの犯罪行為で百年とか百五十年といった判決もめずらしくないのだ。この方がいい。


それに時効というのもおかしい。ヨーロッパやアメリカなどでは少なくとも人殺しや放火、強盗、誘拐といった重罪には時効はないのが常識である。

ところがこの国では殺人でも十五年逃げおおせたら時効になり、罪は問われないという状態が長く続いていた。

かつて、別の紙面で十年前、老人がこの時効を外国のように無くしようと書いたことがあった。その影響かどうか定かではないが、この国でもやっと重罪に対する時効が廃止された。

●でも、犯罪はなくならない

犯罪にはいろいろな事情があることは理解できる。だからその間のことを洗い出し、止むを得ないところを裁判で判断し、刑を決めるものと思う。もし、そうでないならコンピュータにあらゆる過去のケースをデータ入力しておいてポンとボタンを押せば、お前は何年の刑と簡単に答えは出せる。

それを人権や冤罪を犯さないため、国民の税金を使って長い時間をかけ裁判をやるのだ。以前にもあったが、幼稚園児の列に車で突っ込み、四人もの子供の命を奪った運転手に、最高でもたった四年の刑しか科せられない、という例などを眼にすると、裁判とは何だ、と思えてくる。これでは被害者はもとより老人の感情は許さない。

まだある。このところ外国人労働者が増え、それにつれて犯罪が増加している。ところが、この国では罪を犯しても、外国人犯罪者の引渡しについてはアメリカと韓国の二カ国としか引渡し条約が結ばれていないのだ。

強盗殺人で指名手配されている者や、交通事故死を起こしてブラジルへ逃げ帰り、ノホホンと暮らしている犯罪者のことが報道されていた。

中国などは犯罪者を輸出しているようなところがあり、こうしたケースが最も多いようだが、何の手出しもできないらしいから泣けてくる。容疑者は捜査をうまくすり抜けて帰国し、罪を免れているというから舐められっぱなしである。

国会議員や外務省は何をしているのだろうか。もっと自国民の生命財産を守る本来の仕事をきちんとしたらどうだ。

ちなみに諸外国がどのくらい二国間で犯罪容疑者引渡し条約を結んでいるかを調べてみると、英国が一五一カ国でトップ、アメリカ六〇数カ国、当の中国、ブラジルでさえ二〇数カ国なのに、この国はたったの二カ国。どうなっているの、といいたい。

まあ、隣の国に国民が誘拐されても「対話と圧力」とか呑気なことをいって七〇年も過ごしているのだからどうにもならん。

それにしても、元公安調査庁の長官とか元日本弁護士会の会長といった地位や名誉のある人までが、自らの立場も忘れて疑わしいお金儲けに血眼になり、事が露見しても平然としておれる世の中だから、この国は腐り切っている。

気にしても仕方がないか。石川五右衛門は先見の明があった。

●この国はどこへいくのか

人間、歳を取ってくると社会の変化についていけなくなるらしい。だから周りの出来事に不満をいうようになる。それが証拠に、若い頃は世の中の出来事にいちいち文句はいわないでなんとか過ごしている。

加えて老人になると、もう引退しているわけで、自分の手ではどうにもならないことばかりだから、よけいに腹が立って愚痴ばかりを撒き散らすのだろう。

いつの時代もこの繰り返しである。

だが、老人はこれまで生きてきた経験がある。愚痴といわれればそれまでだが、まもなく次の世に行くものの遺言とでも思って聞いてもらいたい。

それはこの日本をどんな国にしたいかだ。いや、どんな国になってほしいか、老人最後の願望のようなものだ。

内憂外患という言葉がある。内も外も問題ばかりということだ。

内を見ると、政治家の世界では相変わらず汚職やお金にまつわる醜聞が後を断たない。一億円もらっていても「知らない」で済ませてしまう元総理。贈った方は罪を認めているのに、もらった方は知らないというだけで済むらしい。

経済の根幹である金融の頂点にいて、政府の指示にも従わない日銀総裁が司直の手に委ねられている犯罪者を支援し、自らも一千万円もの出資をして利殖に精を出している。それも「志がいいので、励ますため」とは、どういう神経の持ち主だろうか。

その挙句、自らは出したお金の二倍以上の千五百万円近くものリターンをもらっていた。

サラリーマンはこの人の低金利政策とやらで〇・〇〇一％の金利しか付かない預金でも他に手立てがなく我慢しているというのに、この金融の大元締めは一六％もの利殖をしていた。そして見つかったからそれを慈善事業に寄付し、地位にはしがみついて辞める気はないという。寄付すれば免罪されるという問題ではないだろう。

庶民には見たこともない金額であり、気の遠くなるような話だ。

こんなことがまかり通っていいのか。こうした例はつい最近のことだ。

銀行にも大いに問題あり。われわれからは超低金利で金を集め、貸付には数％から十数

％で貸し出す。しかも政府の保護を受けて。その結果、空前の高利益だ。これはいい商売である。

せめて、預金金利を三、四％くらいに上げろ。老人やサラリーマンは貯金していても、引き出しの手数料にもならないことくらい知っているだろう。

おまけに一般金利が世界一安いため、外国から文句の出るほど円安である。お陰でガソリンや食料などの輸入品は軒並み値上がり、ダブルパンチである。老人には住みやすくないぞ。

それでいて、役所では年がら年中、国民の税金を使い放題。談合や天下りは役人の特権。捕まらないように上手くやらなければ、とでもいいたげな始末である。

税金だって老人がかつての大蔵省担当の記者だった頃は「入るをもって出るを制す」という財政の大原則があった。つまり国民から払ってもらえる税金の範囲内で仕事をするということだ。

ところが今では、頼みもしないのに、やらなければならない仕事はいくらでもある。「足らなければ増税して取れ」という風に変わったらしく、税金を取ることばかり頭をひねっている。

それでも足らなければ国債とやらを発行して、いくらでもお金を集める。痛みのわからない二世議員も、その尻馬に乗って「増税やむなし」と平気で口走っている。この国では何もかも根本的に叩きなおすことがどうしても必要のようである。

●豊かな国造りを目指す空想

そこで、この国の将来を考えた豊かな国造りを目指す老人の空想を披露しておこう。

① 明治にできた現在の廃藩置県は何の意味も持たないのでこれを解消し、行政単位を北海道、東北、北陸、関東、近畿、中国、四国、九州の八つにする。百年以上前と違って交通、通信、物流など革命的に進歩している。何ら問題はない。したがって知事は全国で八人とする。

これにより、今の地方議会（県議会、市議会、町議会、村議会など）は全て解消する。ある種の議会を置くとすれば今の県単位くらいとし、議員は一地域一〇人くらいで十分。それも実費は除いて議員はすべて無給のボランティアとする（欧米の先進国では地方議員の報酬はほとんど無給である。日本全土はアメリカのカリフォルニア州より小さいことを考えれば、この程度でも多いくらいである。ここまでやれば、本当に国のために働く人が出てくる。現在の地方議員は村、町、市、県を合計すると数十万人くらいはいる。これらはすべて税金でまかなわれているのだ）。

② これに伴い衆議院議員を現在の半分の二五〇名とする。

参議院は廃止（衆議院と同じことを同じ政党で審議するのは時間とお金のムダ、それに衆議院議員を落選すると参議院議員に出るとか、その逆なんかは二院制の機能をすでに失っている証拠である）。

③ ただし閣僚経験者くらいは権限のない「ご意見番」としてなら残してもいい。

同時に国会は通年国会とする（アメリカのように、いつでも対応できるように一年中開催、休みなし。当然だろう、国の活動は一刻も留まっていない）。

④ これが実現すると、国、地方の行政官庁および役人の数は確実に十分の一以下になる。政治家や役人のバカな税金のムダ遣いはできなくなり、本当の政治家が出てくるこ

とになるかも知れない。もちろん、税金は余ってくるから、大いに減税し国民は豊かになる。

このくらいのことをやるのが本当の改革というものだ。これは革命に近いが、一つずつやればいい。これくらいしないと、一千兆円にも昇る国の借金は返せないぞ。

国民もこのくらい目に見える改革なら、いくらでも痛みは我慢するはずだ。いずれだれかがやらなければならない時代が必ず来る、と思っている。

もっともこれをやるのも政治家だから、悲しいことに今の政治家が自分の首を絞めるようなことをするはずがない。それに今のような状態では内閣はすぐ潰れるだろうから、内閣はいくつあっても足らない。

飽食の中でノホホンと惰眠をむさぼっているこの国では、そんな気概のある政治家は出てくる訳もない。気にしない、気にしない、としかいいようがないではないか。

外患はどうだ。周りには変な国が多い。よその国のことまで口出ししてくる。いちいち反応するのも疲れる。そんなところとは付き合わないことが賢明である。こちらが困ることはない。

●「文明の七つの罪」

最後に、あのインドのガンジーが遺したすばらしい格言とでもいうべき「文明の七つの罪」という言葉を示しておく。

1）原則なき政治
2）道徳なき商業
3）労働なき富
4）人間性なき科学
5）人格なき教育
6）倫理なき悦楽
7）犠牲なき宗教

幸か不幸か、すべて今のこの国にピッタリ当てはまりそうだ。
昔の人は偉かった。どうして人間は文明の進歩とは逆に堕落していくのだろうか。

もう、気にしないことが一番楽だ。ひとり言でつぶやく以外にない。後輩諸君もいずれ老人になる。同じような「ひとり言」が出ないよう祈るばかりだ。

●へそ曲がり老人の〝悪夢〟

世の中を見渡すと、不合理なことや本当に改革しなければならないことが山ほどある。それが老人になるとよく見えてくるのである。

しかし若者や社会からは「老人はもう役には立たないのだから文句をいわず、昼寝でもして早く往生してしまえ」というような囁きになっている。ところが、老人には長く培った知恵がある。もっとも効果的ないい手段が一つだけ残されているような気がする。

それは〝日本老人党〟を作るのだ。これは仮の名前で、老人連盟でも老人組合でも何でもいい。要は老人が団結して、世の中を正す団体のことである。

この国の人口は減少傾向にあるとはいえ、まだ一億人はいる。その内の三分の一は老人が占めることになる。半分は女性だが、女性の老人にも参加してもらい、一大老人パワーを結集するのだ。これができると、ちょっと無視できないものになると思う。

ではこの老人党は何をするか、だ。

よくある圧力団体ではない。圧力団体なら世の中に沢山存在している。それにこうした団体はイデオロギーや利害で集まったものばかりだから期待はできない。そうではなく、こうした圧力団体の逆を行くのである。

世の中を良くするのも、悪くするのもしょせん人間のすることである。そこで老人党は、あらゆる分野のリーダーまたはトップが、その立場に適任かどうかの判定をするのだ。とくに、悪いことをした人物、世の中に害毒を流す人物をリストアップして毎年その名前をマスコミで公表するのだ。

とりあえず、競争原理が働く業界がいい。手始めは政治家である。

政治家は悪いことをしていてもノラリクラリといい逃れをして、選挙の頃には選挙民も忘れて、過去のしがらみや情実で投票してしまう。

例えば、タダの事務所を当てがわれているにもかかわらず、その水道光熱費と称して年間五百万円もネコババしているような大臣とか、ザル法といわれる政治資金規正法などを潜り抜けて蓄財している議員、あるいは年金生活者には預金引き出しの手数料にもならない超低金利を押し付け、自分は犯罪者に加担して法外な利益を得ても平気な顔をして、辞めようともしない何とか銀行の総裁とか（これは政治家ではないが）こんな人物を選挙の際に公表するのだ。

「箱の中の腐ったリンゴは早く取り除かないと、他のリンゴまで腐ってしまう」という。この腐ったリンゴ（不適格議員）を世の中に知らしめ、次の選挙では必ず落選させるのである。こうすれば消極的ではあるが、議員といえども老人党の目が光っているから悪いことはできなくなる。

老人党は暇を持て余しているのだから、手分けして常に政治家の言動をチェックしてリストを作り、ことある毎に公表する。

これは効くと思うよ。なにしろ三千万票が悪人議員、不適格議員と評定するのだから、少しばかりの弁解では収まらない。

問題は、リストに名前を挙げられると、名誉毀損といってくるかもしれない。事実を示せば問題ないと思われるが、これは老人党の法律家に検討していただこう。

マスコミにも協力してもらう。格安の一ページ広告のスペースを提供していただき、趣旨を書いて載せるのである。協力しないマスコミは三千万人の読者を敵に回すことになるから、無視することはできないだろう。

この老人党パワーは他にも使える。不祥事を起こしたり、悪い会社のリーダーなどにも問題提起ができそうだ。アメリカではサラリーマンの退職者で作る「全米退職者連盟」というのがあると聞く。

この国では老人党を作ろう。そして世直しだ。

六十五歳以上を党員資格とし、党員からはいかなる議員も出さない。議員を出せば他の圧力団体と変わりがなくなるからである。

細かい規約や組織も考えなければならない。ともかく、六十五歳以上の老人を対象として、思想信条は問わない。子供や孫のために少しでも住みやすい安全な日本国にしていくために、老人が一丸となって最後のご奉公をするのである。

「これだ‼　老人党の旗揚げだ」と、思わず叫んだところで目が覚めた。

夢だったか。

まぁ、いい。気にしない、気にしない……。

我流老人

著　者　　埣野　堯
発行者　　真船美保子
発行所　　KK ロングセラーズ
東京都新宿区高田馬場 2-1-2　〒 169-0075
電話（03）3204-5161（代）　振替 00120-7-145737
http://www.kklong.co.jp
印　刷　　㈱太陽印刷　　製　本　　㈱難波製本

落丁・乱丁はお取り替えいたします。
※定価と発行日はカバーに表示してあります。
ISBN978-4-8454-0993-8　C0295　Printed In Japan 2016

本書は平成 19 年 10 月に出版した『われら老人、勝手に生きる心得』を改訂・改題したものです。